SOUL OF BERLINO

GUIDA ALLE 30 MIGLIORI ESPERIENZE

SCRITTO DA THOMAS JONGLEZ
ILLUSTRATO DA SIRAI BUCARELLI

EDIZIONI JONGLEZ

Guide di viaggio

"LA PIÙ GRANDE
STRAVAGANZA
CULTURALE
CHE SI POSSA
IMMAGINARE."

DAVID BOWIE

Questa guida è per coloro che vogliono spalancare le porte segrete di Berlino, catturare il battito del suo cuore, scoprire ogni suo angolo per raggiungerne l'anima.

Ci sono voluti tre anni di esplorazione per realizzare questa guida: a piedi, in bicicletta, in metro, nei musei, nei locali, nei bar, nei ristoranti e nei kebab della città.

La pandemia di covid-19 non ha ovviamente facilitato il compito. Ma la Germania, a differenza di altri paesi vicini, è stata così gentile da non impedire mai ai suoi abitanti di uscire dalle loro case. Così, quando i ristoranti erano chiusi, siamo andati in bicicletta per esplorare gli angoli più sconosciuti della campagna oppure a piedi per scoprire quartieri fuori dai sentieri battuti...

Queste ricerche sono state un piacere indescrivibile. Fatte di scoperte e di incontri inaspettati, all'altezza dello straordinario eclettismo della città. Sono il risultato dei miei colpi di fulmine durante questi tre anni. Una scelta soggettiva, dunque, ma una scelta basata sulle esperienze vissute. E ce ne sono state...

A volte i visitatori mi dicono che non capiscono cosa renda attraente la città: clima difficile, popolazione non sempre accogliente, architettura a volte ripugnante... Di solito dico loro che è perché non ci abitano. Infatti, quando arrivi a Berlino, se non sai dove andare e vai all'avventura, anche nei quartieri centrali, ti ritrovi subito in una terra di nessuno un po' deprimente.

Questa guida è fatta apposta per loro, in modo che sappiano dove andare e dove non andare per godersi qualche giorno in questa favolosa città e per scoprire, ad esempio, che sì, Berlino ha magnifiche spiagge e angoli di natura sublimi e sconosciuti.

Ma questa guida è fatta anche e soprattutto per chi vive a Berlino: per scoprire o riscoprire questa città unica al mondo.

Grazie Berlino.

Thomas Jonglez

Dopo aver trascorso alcuni mesi nella capitale tedesca nel 1994 ed essere rimasto abbagliato dalla Berlino alternativa dopo la caduta del Muro, Thomas Jonglez ha intrapreso strade diverse: 7 mesi con lo zaino in spalla in America Latina, 7 mesi per strada per arrivare da Pechino a Parigi senza prendere l'aereo, 6 mesi con la famiglia tra Venezia e Rio de Janeiro attraverso la Siberia e il Pacifico, 3 anni a Bruxelles, 3 anni a Parigi, 7 anni a Venezia e 7 anni a Rio de Janeiro...

Thomas è tornato ai suoi amori di gioventù e si è trasferito di nuovo a Berlino nel 2019. Ha trovato una città ovviamente meno alternativa rispetto agli anni '90, ma che conserva intatto il fascino e l'energia a cui ha reso omaggio curando, tra molti altri, la guida "Berlino insolita e segreta".

IN QUESTA GUIDA
NON TROVERETE

- La mappa della metropolitana
- I ristoranti stellati più monotoni
- Come acquistare il biglietto per l'Opera
- Informazioni pratiche per salire in cima alla Fernsehturm

IN QUESTA GUIDA
TROVERETE

- La discoteca più piccola del mondo
- Le migliori spiagge di Berlino
- Il giro in bicicletta più bello
- Una spa favolosa per sentirsi come a Bali
- Una gelateria che produce direttamente i suoi coni
- Dove andare in kayak come a Venezia
- I posti migliori per pranzare in riva al mare
- Come passare una notte presso un produttore di materassi

I SIMBOLI DI
"SOUL OF BERLINO"

da 0
a 30 €

da 30
a 90 €

dai 90 €
in su

100 %
Berlino

Gli orari di apertura variano di frequente,
quindi controllateli direttamente
sul sito web del posto che intendete visitare.

30 ESPERIENZE

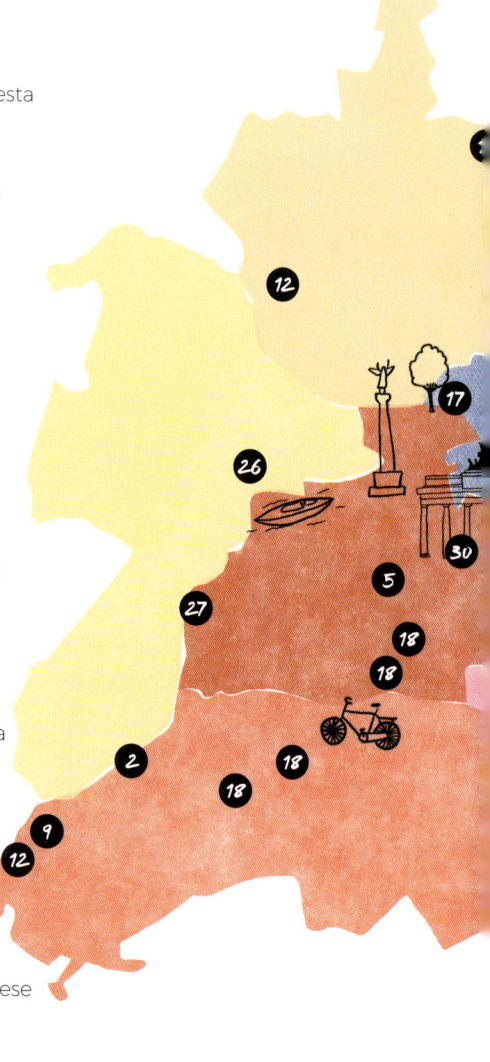

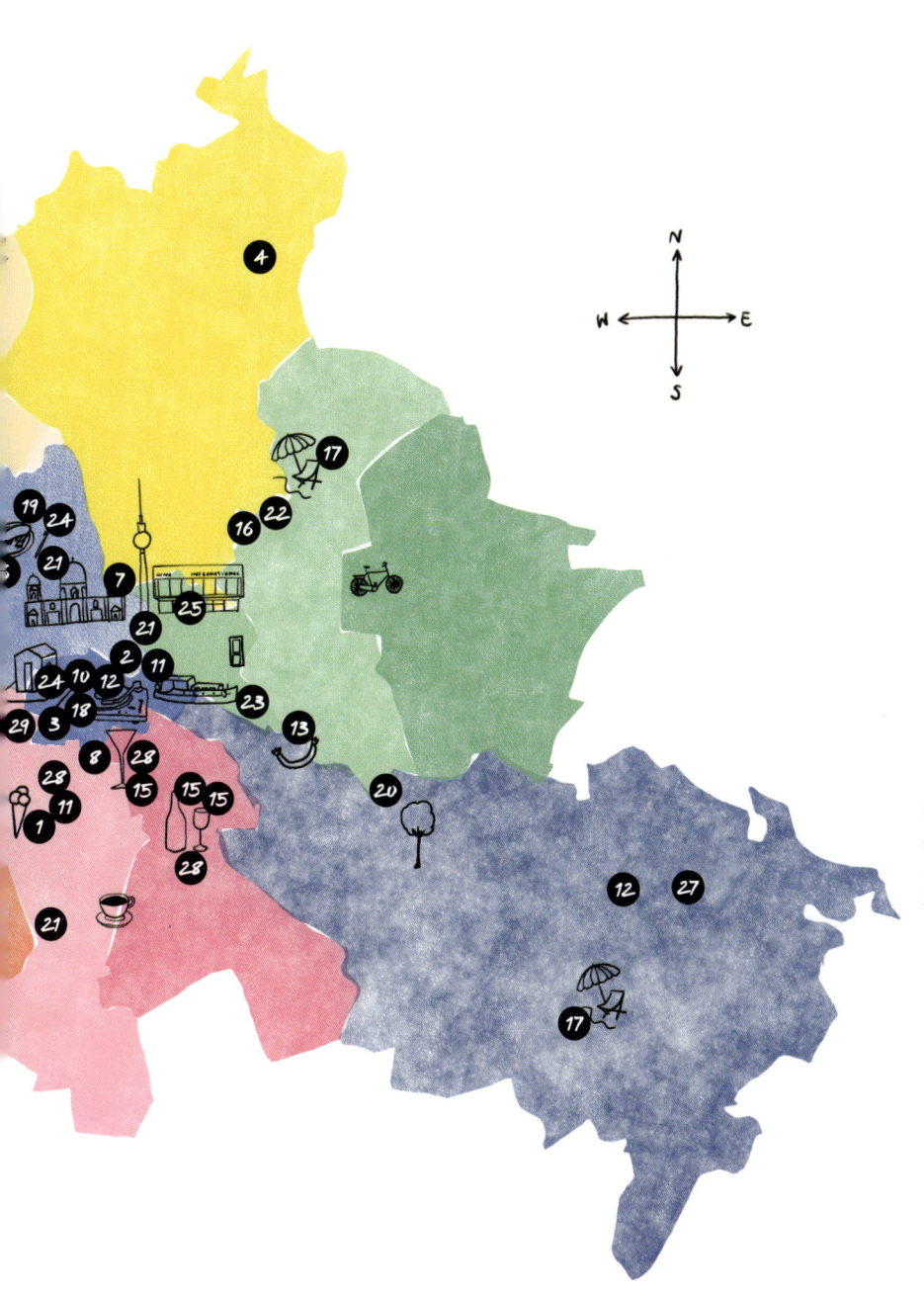

LA GELATERIA CHE FA
I CONI IN DIRETTA

Famoso nel quartiere (le file possono essere davvero lunghe in estate), Jones è uno dei gelatai più rinomati di Berlino. Anche il migliore, secondo alcuni. Ma ha anche e soprattutto la magnifica particolarità di realizzare da solo i suoi coni, direttamente davanti ai clienti. Disponibili anche i coni tradizionali (un po' meno cari), ma sarebbe un peccato non assaggiare la specialità della casa...

Piccolo dettaglio che non stona: Jones propone anche degli ottimi biscotti, fatti in casa, ovviamente.

JONES ICE-CREAM
GOLTZSTRASSE 3,
10781 BERLIN (SCHÖNEBERG)

| TUTTI I GIORNI: 12:00 / 19:00 | 041 523 0034 | U7 (Eisenacher Straße) |

LA PASSEGGIATA
DELLE PERSONE FELICI

Il sud-ovest di Berlino è un vero paradiso naturale: se il meraviglioso giro in bicicletta lungo il Wannsee (s.v. p. 44) può essere fatto anche a piedi, le rive dei laghi Schlachtensee, Krumme Lanke e Grunewaldsee sono anche l'occasione per trascorrere una splendida giornata... o anche di più, a seconda del ritmo di marcia.

A nord, si può fare in circa un'ora o un'ora e mezza un giro intorno al lago Grunewaldsee. Sosta imprescindibile per un bicchiere è la splendida terrazza del Jagdschloss Grunewald, che emana una notevole serenità. È inoltre possibile visitare l'interessante museo che contiene principalmente dipinti di Lucas Cranach il Vecchio. È possibile pranzare a pochi passi al 12 Apostoli am Grunewaldsee in un'atmosfera da Biergarten. In estate è possibile godersi una nuotata costeggiando la riva del lago.

 PASSEGGIATE DA FARE A PIEDI INTORNO AI LAGHI SCHLACHTENSEE, KRUMME LANKE E GRUNEWALDSEE

Accesso: Schlachtensee e Krumme Lanke: S1, S2 (Schlachtensee) e U3 (Krumme Lanke) Grunewaldsee: U3 (Oskar-Helene-Heim) poi venticinque minuti (piacevoli) a piedi o bus X10 e 15 minuti a piedi

Più a sud, dopo aver fatto il giro del lago Krumme Lanke (circa un'ora), si arriva al delizioso lago Schlachtensee (il giro completo a piedi può essere ultimato in circa due ore o due ore e mezzo). che emana un'atmosfera di vacanza particolarmente piacevole. L'arrivo al lago da una delle scale sulla sponda sud è

spettacolare. Il ristorante all'angolo nord-est del lago, situato in posizione ideale, purtroppo non è un buon posto dove andare: meglio portarsi il picnic e trovare il proprio piccolo angolo di paradiso per godersi anche una fantastica nuotata.

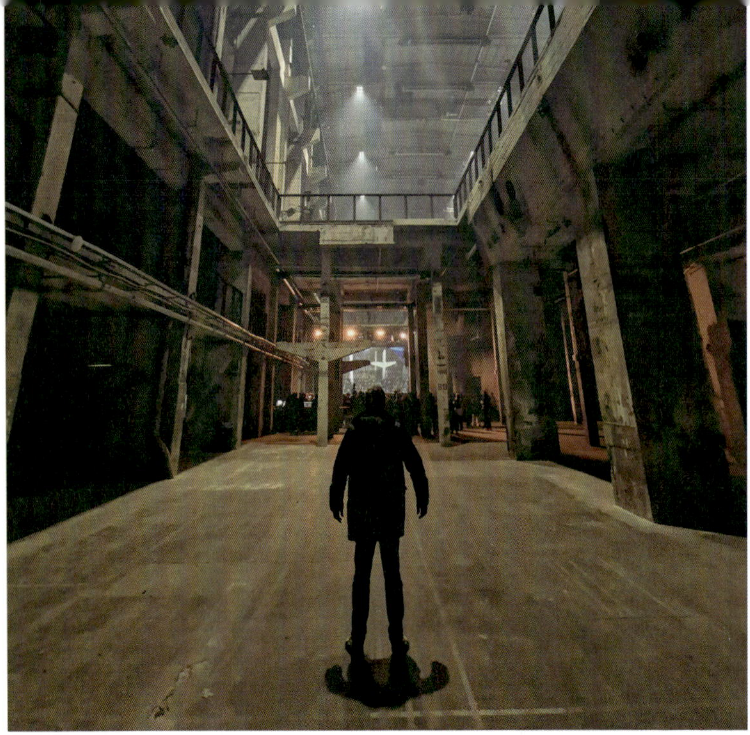

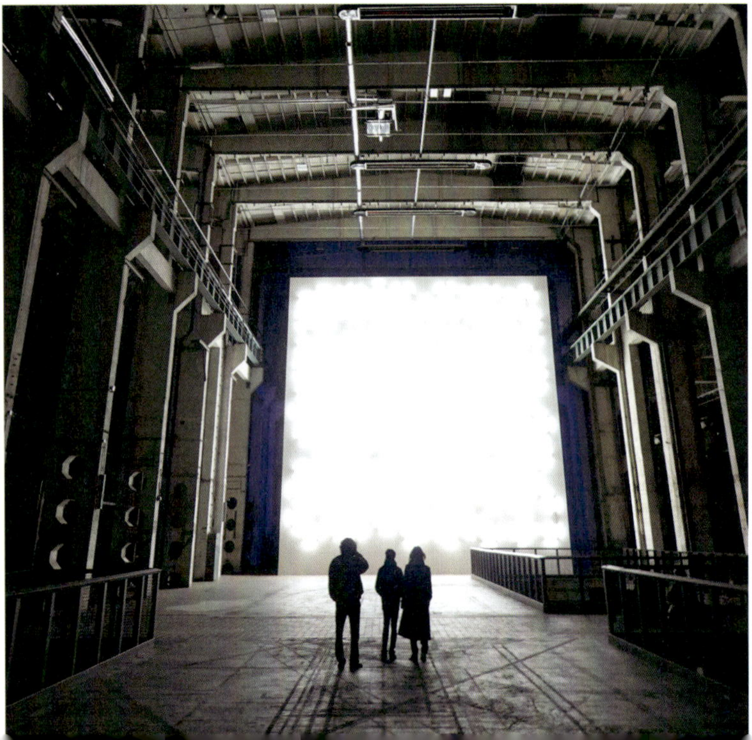

CULTURA
INDUSTRIALE

Costruita tra il 1960 e il 1964, l'ex centrale di teleriscaldamento conosciuta come Kraftwerk da sola costituisce un intero pezzo della storia industriale e ricreativa di Berlino.

Utilizzata a partire dal 2006 dal famoso club techno Trésor, il luogo funge ora da scenario spettacolare per mostre, concerti, spettacoli di danza...

Lo spazio non è aperto tutti i giorni: è meglio controllare il programma sul sito e prenotare in anticipo.

KRAFTWERK
KÖPENICKER STR. 70,
10179 BERLIN (KREUZBERG)

| Prenotazione consigliata | kraftwerkberlin.de | U8 (Heinrich Heine) |

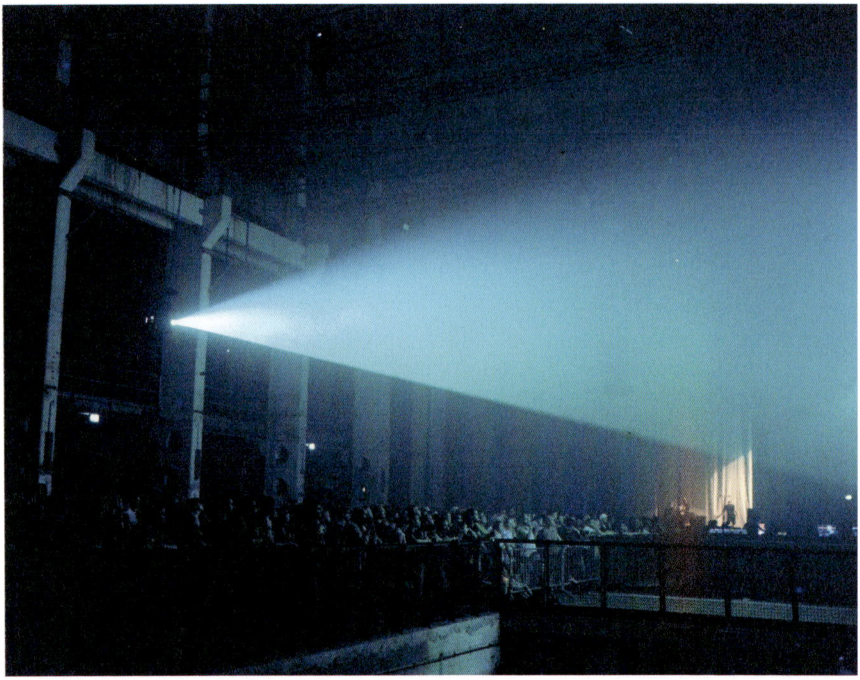

© HELGE MUNDT

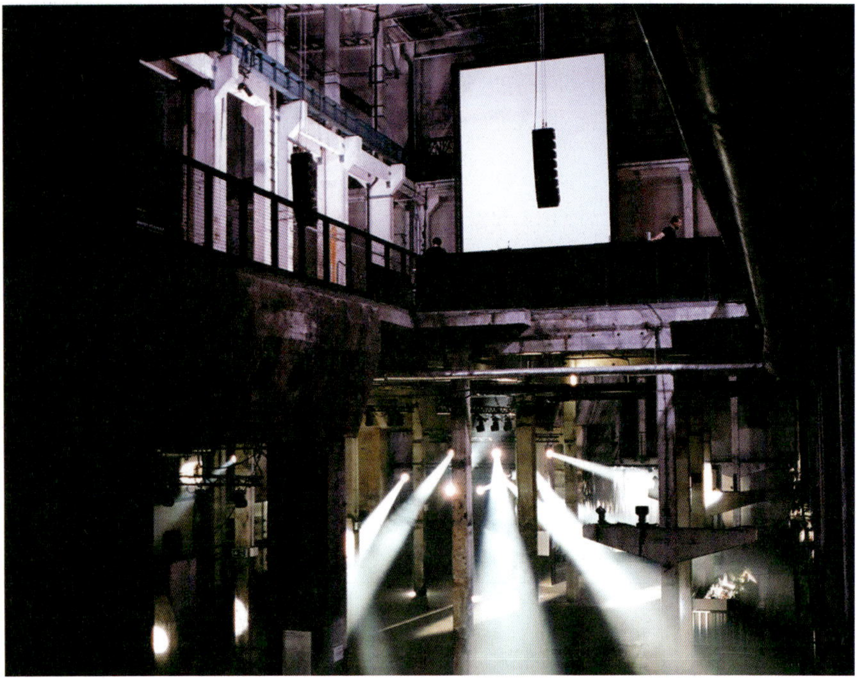

© FRANKIE CASILLO

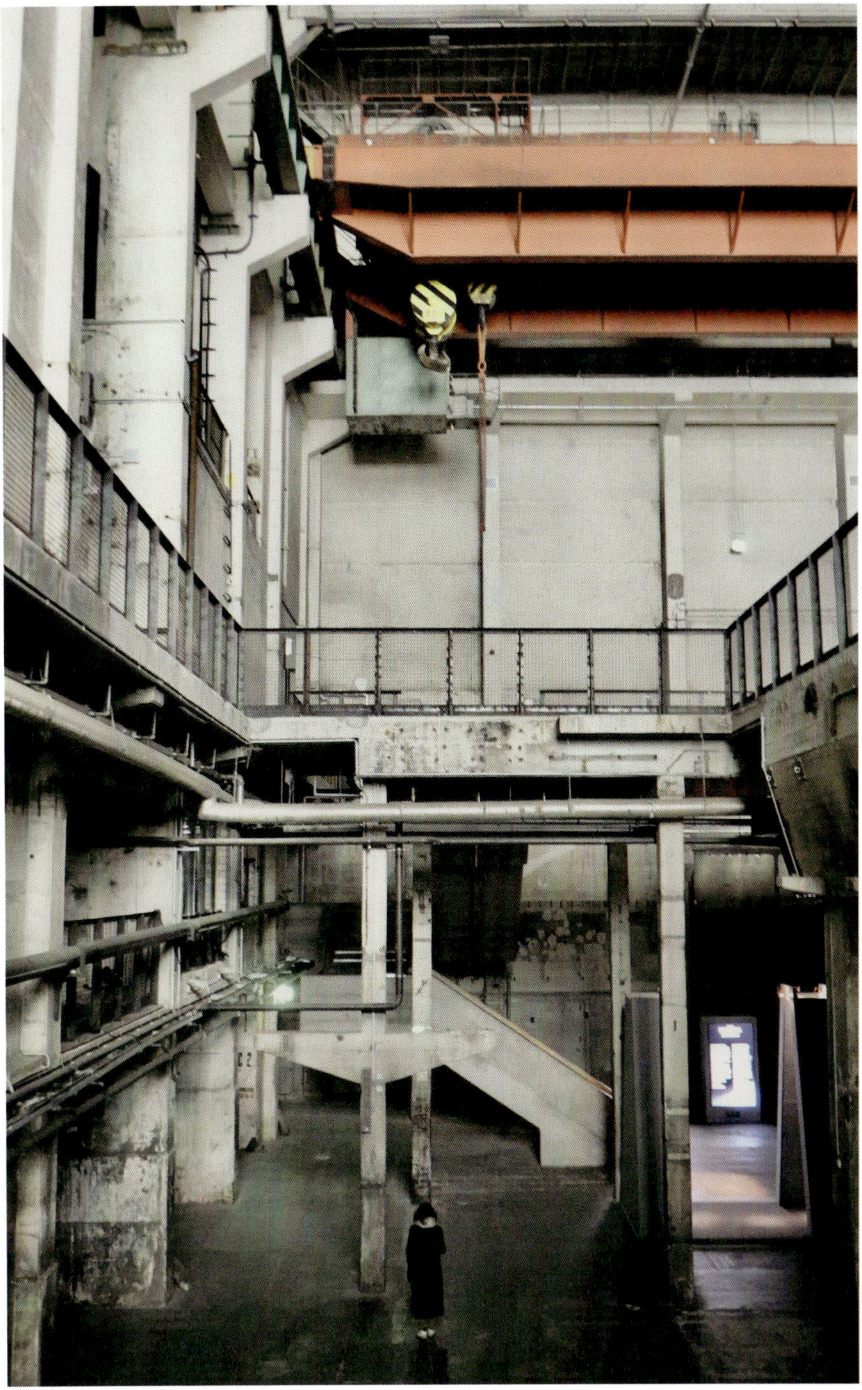

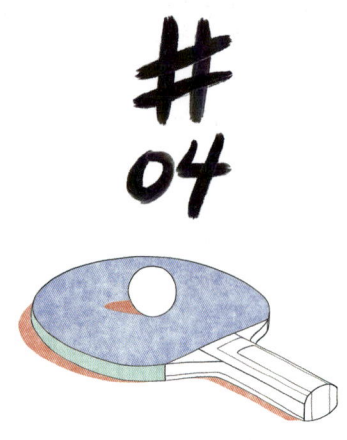

GIOCARE A PING PONG
A BERLINO

Amico turista, non dimenticare la tua racchetta da ping pong quando vieni a Berlino: solo i berlinesi sanno che la città è un paradiso per i giocatori di ping pong. Per la città sono sparsi centinaia (sì, centinaia) di tavoli da ping-pong . Con accesso gratuito, ti stanno aspettando.

Per scoprire dove giocare, non possiamo ringraziare abbastanza il geniale Peter Ulrich che ha creato l'eccezionale applicazione per smartphone "Ping Pong Map". Identifica in modo molto preciso tutti i tavoli della città. Attenzione però: alcuni sono a volte nelle scuole e quindi inaccessibili.

pingpongmap.net/Berlin

IL GUSTO
DELLA VECCHIA BERLINO

Poche città al mondo hanno tanti indirizzi di ristoranti storici e autentici come Berlino. Nonostante la guerra, nonostante il Muro, nonostante i nazisti, Berlino ha conservato diversi indirizzi incredibilmente affascinanti dove è bello trascorrere un po' di tempo. Non si viene per la qualità del cibo, ma per immergersi tranquillamente in un'atmosfera fuori dal tempo.

> Josep-Roth-Diele

Uno dei nostri indirizzi preferiti prende il nome dallo scrittore ebreo austriaco Joseph Roth (1894-1939) che visse proprio lì accanto fino al 1933, prima di essere costretto all'esilio. A parte il soffitto, la stanza è d'epoca (1898): l'atmosfera e la musica retrò sono deliziose. Crème caramel molto buono, quotidiani disponibili.

JOSEPH-ROTH-DIELE
POTSDAMER STR. 75,
10785 BERLIN (TIERGARTEN)

LUN – VEN: 10 h / 22 h	030 26369884 info@joseph-roth-diele.de joseph-roth-diele.de	U1, U3 (Kurfürstenstraße)

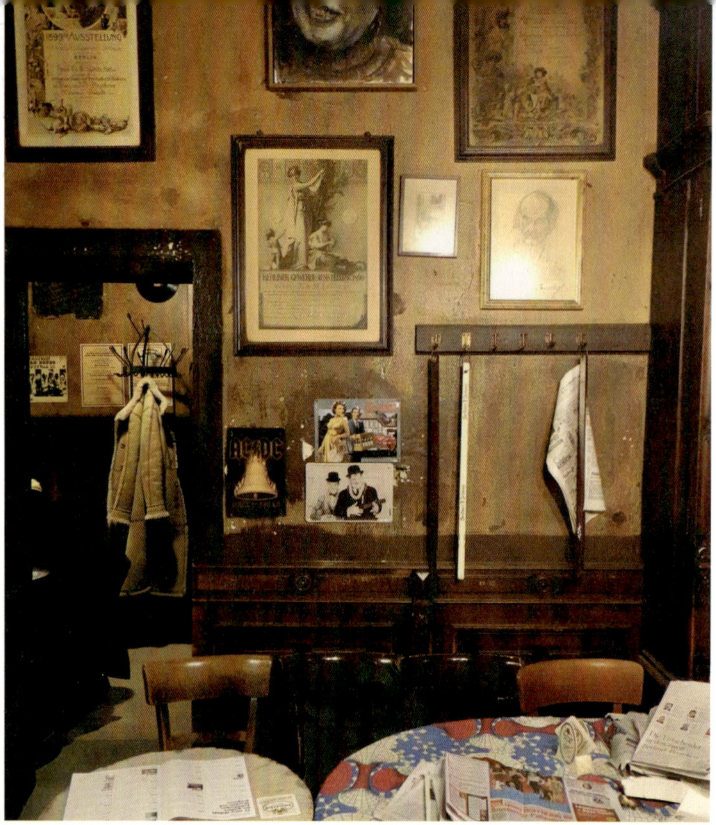

> E. & M. Leydicke

Aperto nel 1877 da Emil ed Max Leydicke, il Leydicke è un piccolo gioiello lontano dalle mode e dalla folla con un arredamento che sembra non essere mai cambiato. Il pittoresco proprietario, Raimon Marquardt, distilla ancora liquori fatti in casa, che serve sul posto o da portare via.

Ci piace trascorrere un momento lì per assaporare l'atmosfera unica. Un luogo raro.

 **E. & M. LEYDICKE
MANSTEINSTRAßE 4,
10783 BERLIN (SCHÖNEBERG)**

TUTTI I GIORNI: 18:00 / 23:00   030 2162973   U7 (Yorckstraße)
                                    leydicke.com

© W. CHODAN

> Alt Berliner Wirtshaus Henne ▲

Un indirizzo delizioso. Inaugurato nel 1908 (in un edificio del 1888), "Henne" è sopravvissuto a lungo a soli cinque metri dal Muro di Berlino.

Oggi ci si può gustare un magnifico mezzo pollo fritto (ricetta segreta) accompagnato dalla tradizionale insalata di patate o dal coleslaw.

Da non perdere.

 ALT-BERLINER WIRTSHAUS HENNE
LEUSCHNERDAMM 25,
10999 BERLIN (KREUZBERG)

| MAR – DOM: 17:00 / 22:00 | Prenotazione consigliata
030 6147730
henne-berlin.de | U1, U3 (Kottbusser Tor) |

> **Diener Tattersall**

Inaugurato nel 1893, il superbo Diener Tattersall è un luogo sempre strapieno dove spesso si organizzano serate per appassionati. Rilevato dall'ex pugile Franz Diener negli anni '50, il locale è diventato un must per gli artisti e l'alta società berlinese (da notare i circa 500 ritratti di artisti che ornano le pareti) che vi si mostrano volentieri in un'atmosfera rilassata. È un'autentica istituzione.

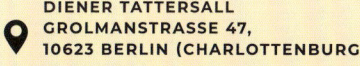

DIENER TATTERSALL
GROLMANSTRASSE 47,
10623 BERLIN (CHARLOTTENBURG)

| LUN – SAB: 18:00 / 2:00 | Prenotazione consigliata 030 8815329 diener-berlin.de | U7 (Yorckstraße) |

CREDERSI A BALI
PER IL TEMPO IN CUI
SI RESTA IN UNA SPA

Per sopportare il lungo inverno berlinese, ci sono due opzioni: acquistare un biglietto aereo per i tropici o recarsi alle fantastiche terme Vabali.

Copre ben 20.000 m^2 e con le sue 4 vasche all'aperto, 2 piscine, 7 saune e 4 hammam, Vabali è un piccolo gioiello dove si rimane sempre sorpresi di trascorrere più tempo del previsto. Arredamento in stile balinese molto ben riuscito, massaggi di qualità (da prenotare in anticipo), ristorante ispirato al sud-est asiatico, molti lettini (compresi alcuni per la piscina) e sedie per riposare, fuochi di camino: il posto è un piccolo paradiso da non perdere. Il massimo del relax: godersi il sole invernale nelle piccole vasche esterne intorno alla piscina principale. Pura felicità.

Qualche consiglio pratico: i pavimenti esterni sono freddi d'inverno. Portare le proprie infradito eviterà di doverle noleggiare (come l'accappatoio e l'asciugamano). Non c'è bisogno, però, di portare il costume da bagno. Nelle piscine, nelle saune e negli hammam, la nudità è essenziale, anche se, ovviamente, si può tenere l'accappatoio per il resto del tempo (o l'asciugamano nelle saune).

 VABALI SPA
SEYDLITZSTRASSE 6,
10557 BERLIN (MOABIT)

TUTTI I GIORNI: 9:00 / 24:00	Prenotazione consigliata	U1, U5, S3, S5, S7, S9 (Hauptbahnhof) poi 15 minuti a piedi

SCOPRIRE UN CAPOLAVORO DEL CINEMA MUTO
ACCOMPAGNATO DA UN'ORCHESTRA DAL VIVO

Circa due volte al mese, il leggendario cinema Babylon propone il mitico film *Metropolis*, capolavoro del cinema muto diretto da Fritz Lang nel 1927, in condizioni eccezionali: nel cuore dell'immenso salone dalle reminiscenze Art Déco, un'orchestra composta da una trentina di elementi accompagna questo film con la musica per due ore e mezza, ricordando il periodo d'oro del cinema prebellico, quando ogni rappresentazione era un vero spettacolo.

Ricordatevi di prenotare in anticipo sul sito internet del cinema per garantirvi un posto.

Babylon propone anche di (ri)scoprire gratuitamente altri piacevoli film muti accompagnati dall'organo ogni sabato sera a mezzanotte. ore 0, 0 euro, 0 dialoghi: un programma tanto originale quanto minimalista.

 METROPOLIS AL CINEMA BABYLON
ROSA-LUXEMBURG-STRASSE 30,
10178 BERLIN (MITTE)

| Prenotazione consigliata | babylonberlin.eu | U2 (Rosa-Luxemburg-Platz) |

UN ALTRO CINEMA STRAORDINARIO

Inaugurato nel 1963, a pochi minuti a piedi da Alexanderplatz, nonostante la ristrutturazione dopo la caduta del Muro, il Kino International ha mantenuto l'inimitabile atmosfera della DDR, soprattutto nel bar al primo piano dove si può bere un drink sotto i lampadari della defunta Cecoslovacchia. Schermo da 17,5 metri, grande sala da 608 posti (oggi 551), acustica impeccabile dovuta in particolare al soffitto a forma di onda: se il Funkhaus (s.v. p. 65) non fosse bastato a convincervi, correte al Kino International a vedere che nella DDR sapevano anche come costruire edifici di qualità.

KINO INTERNATIONAL, KARL-MARX-ALLEE 33, 10178 BERLIN (MITTE)
yorck.de/kinos/kino-international
U5 (Schillingstraße)

LA MAGIA DEL CINEMA ALL'APERTO

Uno dei grandi piaceri di Berlino, in estate, è assistere alle proiezioni di film all'aperto. In tutti i quartieri, la città è piena di gemme, sia nei parchi (Hasenheide, Rehberge) che nel cuore della città, nei giardini.
I nostri preferiti sono quelli di Kreuzberg, dietro il Bethanien, e soprattutto di Pompeji, a Ostkreuz (all'interno dello Zukunft).

FREILUFTKINO (CINEMA ALL'APERTO)
Vari luoghi: openair-kino.net

OSTKREUZ
zukunft-ostkreuz.de/freiluftkino.html
(attenzione, questo posto fantastico – cinema, cinema all'aperto, bar, sala concerti ecc. –
è a rischio di chiusura, sbrigatevi ad andarci)

KREUZBERG
freiluftkino-kreuzberg.de
Da maggio a metà settembre circa

IL MIGLIOR HAMBURGER
DELLA CAPITALE

Se è vero che si trovano solo buoni prodotti al mercato Markthalle Neun (mercato coperto n°9), gli hamburger di Kumpel & Keule si distinguono chiaramente dalla massa: sono semplicemente i migliori di Berlino, e di gran lunga. Carne di impareggiabile qualità, cucinata alla perfezione, ingredienti e salsa ineccepibili...

Kumpel & Keule è anche una macelleria che vende ovviamente dell'ottima carne.

Dopo il vostro hamburger eccezionale, fate un giro del mercato per completare il vostro pranzo: una crêpe, un tiramisù o un caffè nei vari stand di questo mercato coperto che risale al 1891 ed è uno degli ultimi (e meglio conservati) dei 14 mercati coperti a Berlino aperti alla fine del XIX secolo.

Visto che siete qui, cogliete l'occasione per fare la spesa (formaggi, verdura, frutta, pesce...): i prezzi sono alti, ma i prodotti deliziosi.

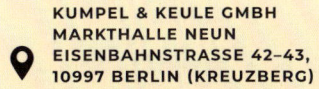

**KUMPEL & KEULE GMBH
MARKTHALLE NEUN**
📍 **EISENBAHNSTRASSE 42–43,
10997 BERLIN (KREUZBERG)**

LUN – SAB: 9:00 / 18:00
Normalmente aperto il giovedì sera

kumpelundkeule.de
markthalleneun.de

U1, U3 (Görlitzer Bahnhof)

09

LA PIÙ BELLA PASSEGGIATA IN BICICLETTA
DI BERLINO

Lo sanno bene i berlinesi, molto meno i turisti: la capitale è un piccolo paradiso per gli amanti della natura e della bicicletta. A sud-ovest di Berlino (ma entro i confini ufficiali della città), si può trascorrere così una fantastica giornata tra la S-Bahn di Wannsee e il nord di Potsdam.

Istruzioni per l'uso:

- Scegliere preferibilmente una bella e calda giornata di sole per fare il bagno a intervalli regolari. Partire presto perché la passeggiata è così piacevole e varia che potrebbe occupare l'intera giornata.

- Prendere la propria bicicletta sulla S-Bahn fino a Wannsee (o noleggiare una bicicletta all'arrivo). Uscire sul lato ovest (verso l'acqua), attraversare il ponte (Wannseebrücke) e prendere la prima a destra dopo il ponte (Am grossen Wannsee). Sulla destra, due possibili posti per fare una sosta lungo il percorso: il Museo Max Liebermann e il suo piacevole giardino affacciato sull'acqua, poi la "Haus der Wannsee Konferenz", tristemente famosa per il suo ruolo nell'Olocausto. Interessante mostra storica e grazioso giardino sull'acqua. Al termine, questa strada diventa un sentiero pedonale particolarmente piacevole fino alla fine della passeggiata.

- Circa a metà del tragitto (tra 20 e 30 minuti in bicicletta), si consiglia di prendere il traghetto e andare a visitare la Pfauen Insel (Isola del pavone) a piedi. Si può prendere un drink vicino al molo, in una posizione migliore rispetto al ristorante dietro di esso, su una sdraio con vista sull'acqua.

- A circa 15 / 20 minuti di distanza in bicicletta si trova un angolo di paradiso: la piccola baia naturale di Moorlake con la pensione Moorlake (Wirtshaus Moorlake) dove si può pranzare molto

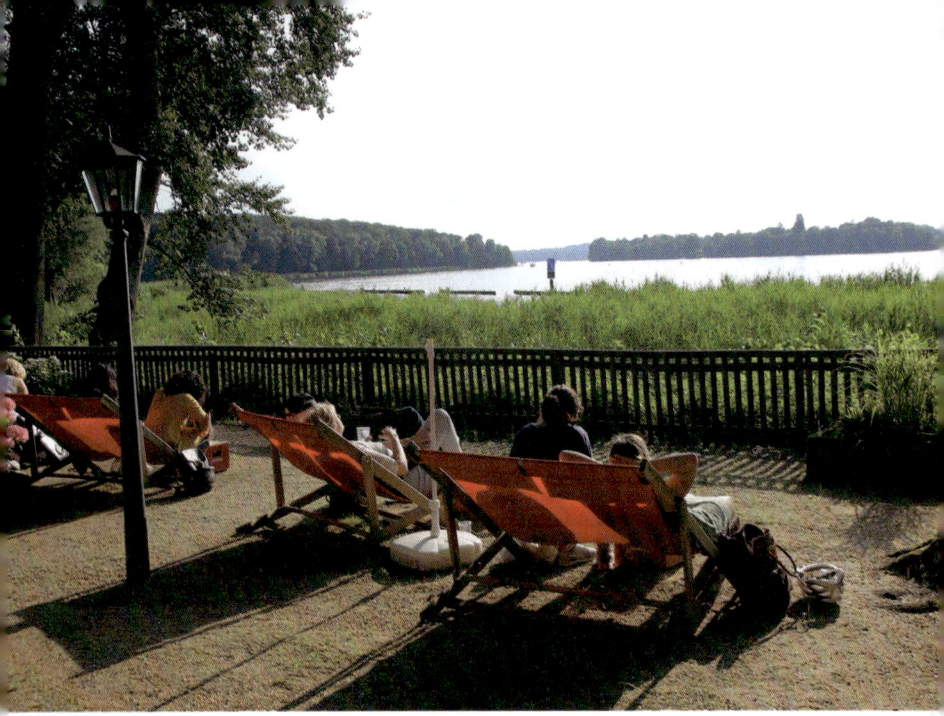

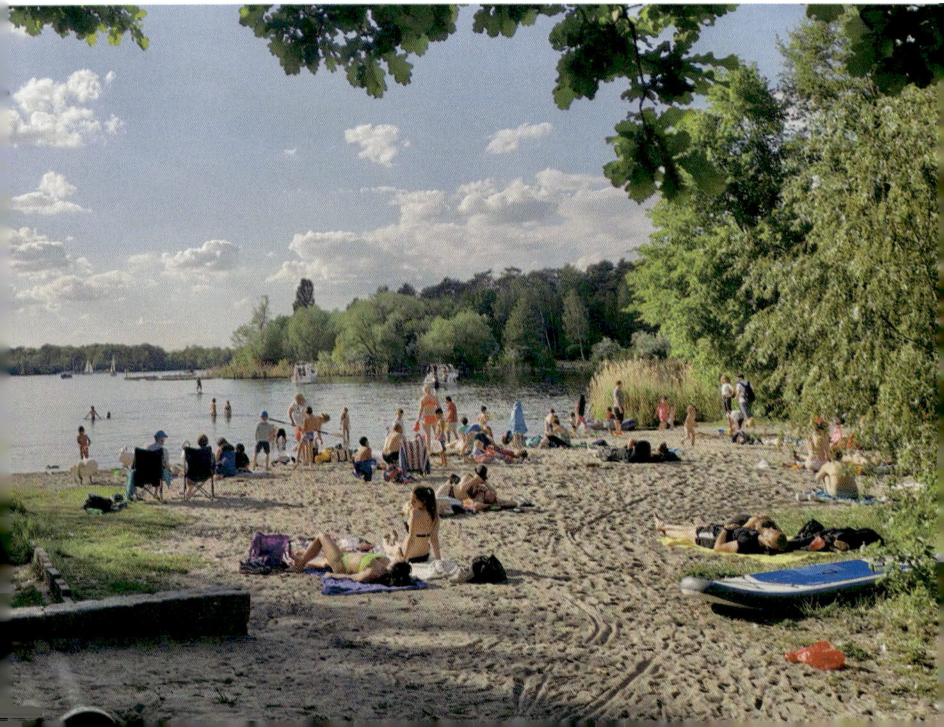

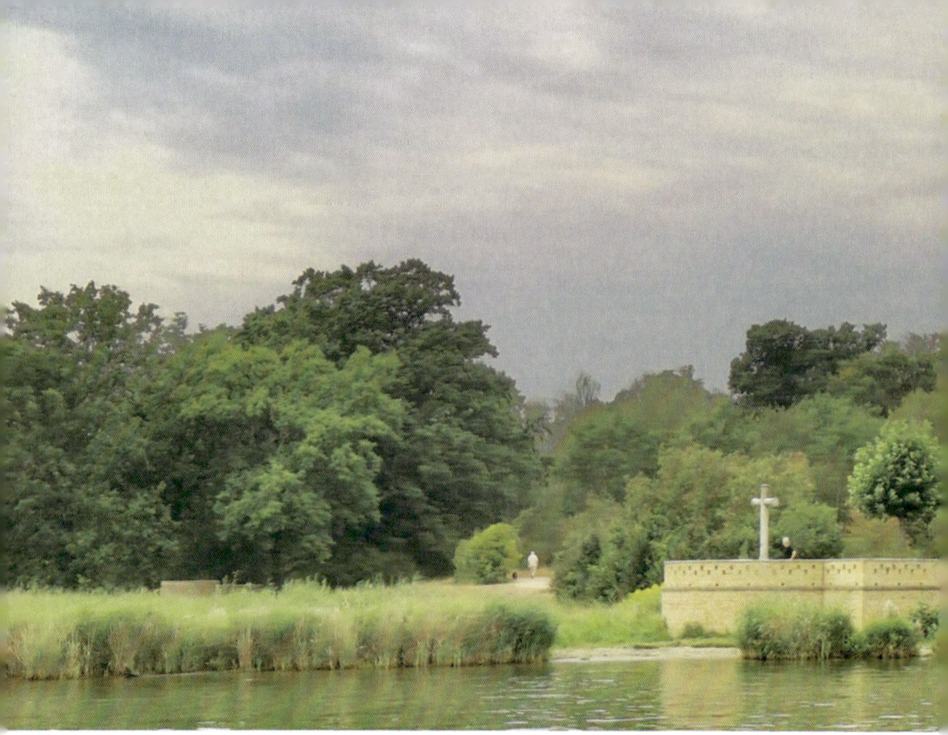

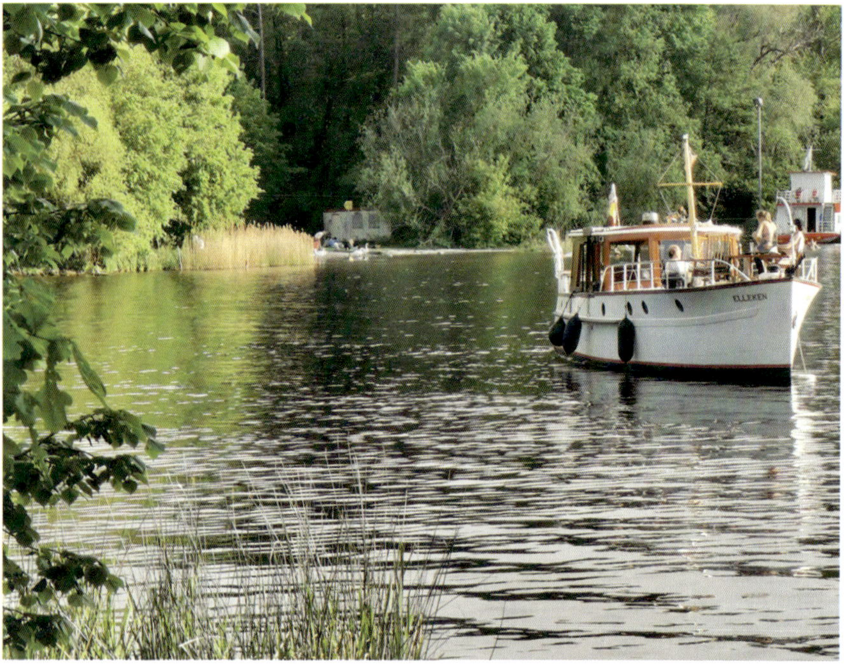

piacevolmente. Durante tutta la passeggiata, spiagge più o meno grandi consentono un bagno rinfrescante. Quella di fronte al ristorante, anche se piccola, è semplicemente imperdibile. Sempre seguendo l'acqua, si può poi vedere dall'altra parte del Wannsee l'affascinante chiesa Heilandskirche, di ispirazione italiana.

- Proseguire sul sentiero lungo l'acqua fino al magnifico parco Glienicken dove è possibile visitare il piccolo museo del castello, fare una passeggiata nei giardini e mangiare nel grazioso cortile interno. Alla fine del giro, attraversando in bicicletta il Glienicke Brücke (il famoso ponte dove si scambiavano le spie durante l'era della DDR) e poi tenendo la destra, si arriva al sublime ristorante Kongsnaes dove si può cenare (consigliata la prenotazione, s.v. p. 62). La vista dalla terrazza del ristorante è eccezionale.

- Per tornare a Berlino: fare dietro-front lungo l'acqua o, se è già buio, prendere la S-Bahn per Babelsberg (un percorso più piacevole e più breve rispetto alla linea diretta per la S-Bahn Wannsee) a Potsdam.

Nur für
Fußgänger

ALTRE PIACEVOLISSIME PASSEGGIATE DA FARE IMMERSI NELLA NATURA:

- Da Schlachtensee a Grunewaldsee passando per Krumme Lanke, facendo il giro dei tre laghi, anche a piedi (a sud-ovest di Berlino – S-Bahn Nikolassee) – s.v. p. 17.
- Lungo il Tegelsee, sulla riva nord-ovest (a nord-ovest di Berlino – U6 Alt Tegel)
- Lungo il parco di Treptow e Plänterwald (Treptow – S-Bahn Treptower Park)
- Dalla spiaggia di Wendenschloss (s.v. p. 85) seguendo il fiume a fino a Große Krampe. La seconda parte del viaggio, sempre sul lungofiume fino al Seddinsee, è possibile ma il percorso è molto irregolare (Köpenick – S-Bahn Grünau).
- Lungo il Meskengraben partendo dalla stazione Rudow della linea della metropolitana U7: un'autentica atmosfera di campagna.
- A Lübars, a nord di Berlino, da Hermsdorfersee, passando vicino alla spiaggia di Lübars (sosta consigliata, s.v. p. 84), al villaggio di Alt Lübars, dove si può pranzare o cenare davanti alla chiesa nel giardino dell'Alter Dorfkrug, principalmente per la sua posizione (S-Bahn Waidmannslust poi autobus numero 222).

UN'ESPERIENZA ESTETICA
ECCEZIONALE

Situata a Kreuzberg, in un ex bunker della Seconda guerra mondiale progettato dall'architetto John Pawson, la collezione Feuerle è un'eccezionale collezione privata di antica arte Khmer e cinese che può essere visitata solo su appuntamento.

La visita, della durata totale di un'ora, è una vera esperienza estetica, spirituale ed erotica: la collezione di arte antica si mescola qua e là con opere d'arte (Cristina Iglesias, Anish Kapoor...) e foto contemporanee.

Per i più fortunati è possibile effettuare una visita privata dei locali, per sentirsi più a proprio agio, ma anche e soprattutto partecipare in privato ad un'esperienza olfattiva unica: una cerimonia dell'incenso, della durata di circa 45 minuti.

Il luogo deve il suo nome a Désiré Feuerle, il cofondatore con Sara Puig di questo spazio espositivo che garantisce un momento senza tempo.

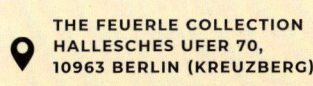

THE FEUERLE COLLECTION
HALLESCHES UFER 70,
10963 BERLIN (KREUZBERG)

€

| Prenotazione richiesta | thefeuerlecollection.org/en | U1, U3, U7 (Möckernbrücke) |

LA DISCOTECA PIÙ PICCOLA
DEL MONDO

Ti è stato rifiutato l'ingresso al Berghain? Anche al Katerblau? Allora vai a Teledisko.

Qui non si corre il rischio di essere respinti: basta infilare due euro nella fessura, scegliere la propria musica ed entrare in questa discoteca grande quanto una cabina telefonica con chi si vuole: il proprio cane, 2 o 5 amici...

Tre minuti di pura magia: c'è anche una sfera specchiata da discoteca.

TELEDISKO
RAW-GELÄNDE
REVALER STR. 99,
10245 BERLIN (FRIEDRICHSHAIN)

teledisko.com

U1, U3, S3, S5, S7, S9 (Warschauer Straße)

PRANZARE
IN UNA TERRAZZA
SULL'ACQUA

Sono rare le capitali d'Europa, o addirittura del mondo, che offrono terrazze dove pranzare in riva a un corso d'acqua, nel mezzo della città. Ecco una panoramica dei migliori indirizzi per sentirsi in vacanza appena il tempo è bello.

> Un angolo di paradiso

Il Moorlake è immerso nel cuore di un vero paradiso lungo il Wannsee, a sud-ovest di Berlino (s.v. p. 44). Serenità e tranquillità eccezionali per un pranzo perfetto, pretesto per una magnifica giornata in campagna con un bagno sublime.

MOORLAKE **MOORLAKEWEG 6,** **14109 BERLIN (WANNSEE)**		€
Solo per pranzo	030 8055809	moorlake.de

> La terrazza alla fine del mondo

Il miglior indirizzo su una riva sull'acqua, a nord-ovest di Berlino.
Un po' nascosto e quindi poco conosciuto, il Fahrhaus Saatwinkel
serve un magnifico salmone, affumicato in loco dal proprietario.
Dopo un pranzo sulla terrazza molto grande e bella, è possibile
prendere il traghetto per fare una passeggiata sull'idilliaca isoletta di
Maienwerder. Aggiungendo il giro in bici per arrivarci e l'irrinunciabile bagno (ad esempio in attesa del traghetto), si potrà trascorrere
una magnifica giornata, con l'impressione di essere lontani da tutto.

FAHRHAUS SAATWINKEL
IM SAATWINKEL 15,
13599 BERLIN (SPANDAU)

faehrhaus-saatwinkel.de

> Un ristorante galleggiante vicino al Müggelsee ▲

È pura gioia prendere il mini traghetto per raggiungere lo SpreeArche, un ristorante galleggiante a est di Köpenick (a est di Berlino). È anche l'occasione per passare una bella giornata in campagna, in bicicletta. Buon salmone, affumicato in loco. Accoglienza particolarmente cordiale.

SPREEARCHE
MÜGGELSCHLÖSSCHENWEG 0,
12559 BERLIN (KÖPENICK)

In inverno, tempo permettendo, si può pranzare solo nei fine settimana Nella bella stagione: tutti i giorni, ma è meglio chiamare in anticipo per prenotare	0172- 304 21 11	info@spreearche.de

> **Una vista eccezionale**

All'ingresso di Potsdam, appena fuori Berlino, dopo il Glienicke Brücke, la vista dalla terrazza del ristorante Kongsnaes è eccezionale. Si consiglia la prenotazione.

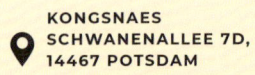

KONGSNAES
SCHWANENALLEE 7D,
14467 POTSDAM

VEN – DOM: pranzo e cena		kongsnaes.de

> **Una terrazza nel cuore della città**   ▲

Lungo il canale Kreuzberg, a pochi passi dalla Sprea, il Freischwimmer dispone di una terrazza molto carina dove pranzare o prendere un drink al sole.

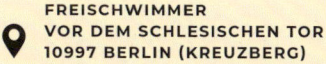

FREISCHWIMMER
VOR DEM SCHLESISCHEN TOR 2,
10997 BERLIN (KREUZBERG)

freischwimmer-berlin.com

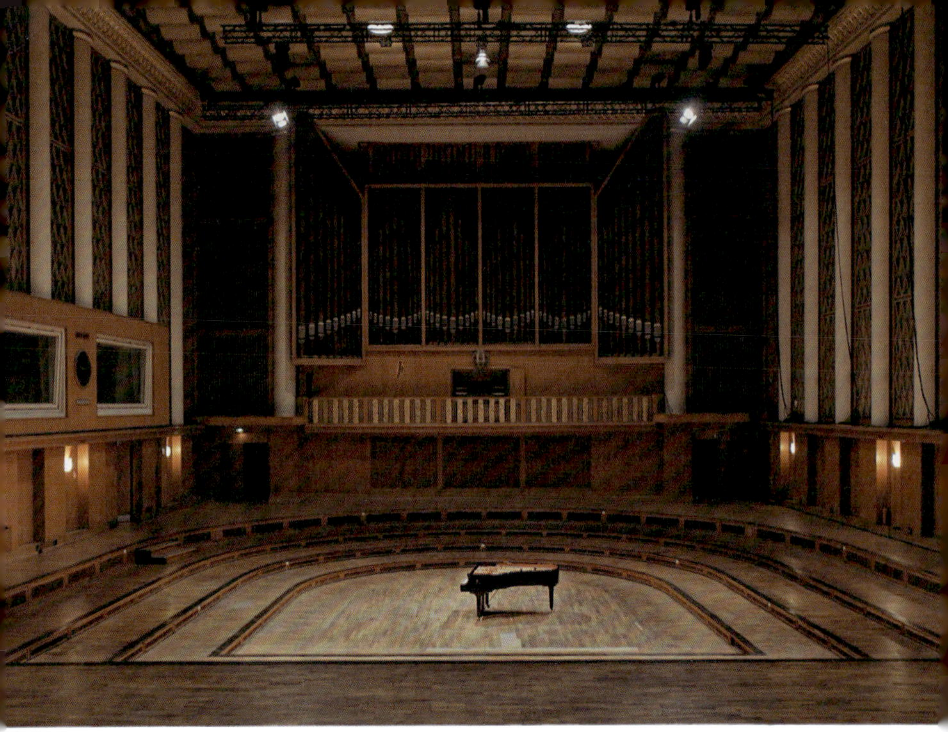

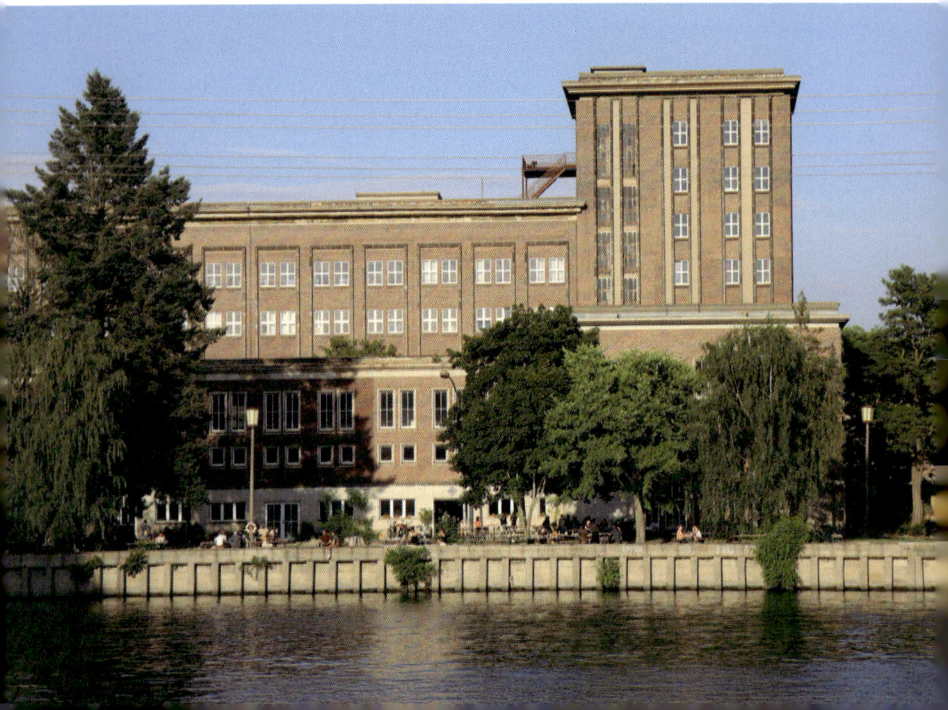

LA DDR AL SUO
MASSIMO SPLENDORE

Il Funkhaus è un posto eccezionale. Sede della Radio di Stato della Germania dell'Est fino al 1990, l'edificio è un capolavoro dell'architettura degli anni '50, progettato dall'architetto Franz Ehrlich nel 1951.

L'immenso complesso - che si estende per oltre 13 ettari - offre oggi emozionanti visite guidate (si apprezzerà particolarmente la fantastica scalinata che non va da nessuna parte, progettata con diversi rivestimenti per avere sfumature dei gradini diverse da un piano all'altro), concerti (alcuni dei quali si svolgono nella più grande sala di registrazione musicale del mondo) o delle performance sonore.

Dopo aver pranzato in uno dei due ristoranti, si potranno trascorrere con grande piacere il pomeriggio e la fine della giornata sulla terrazza antistante la Sprea, a pochi metri di distanza, esplorabile anche noleggiando un kayak.

© UWE FABICH

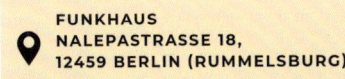

FUNKHAUS
NALEPASTRASSE 18,
12459 BERLIN (RUMMELSBURG)

| 030 12085416 | info@funkhaus-berlin.net
tickets@funkhaus-berlin.net
funkhaus-berlin.net | Tram 21 (Blockdammweg) |

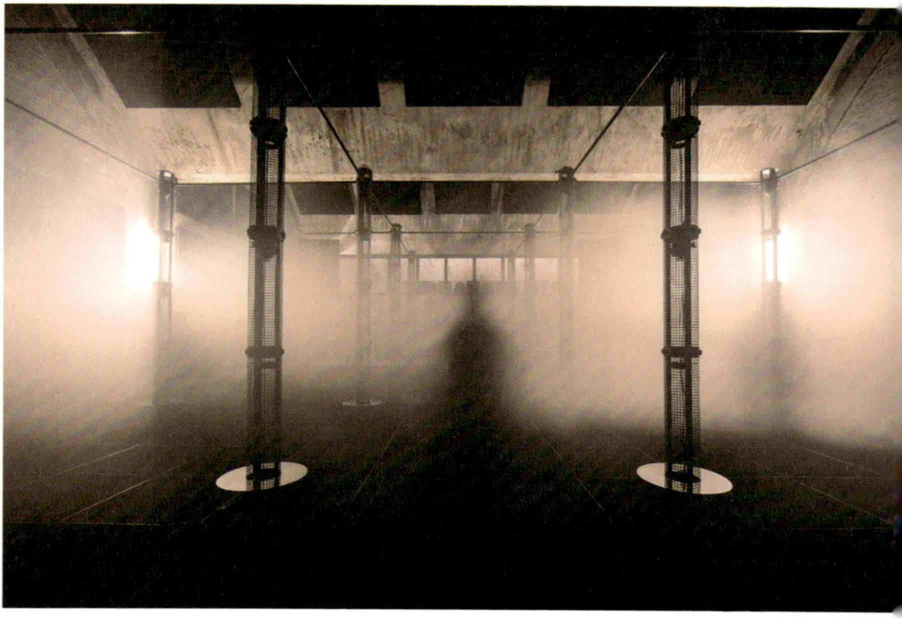

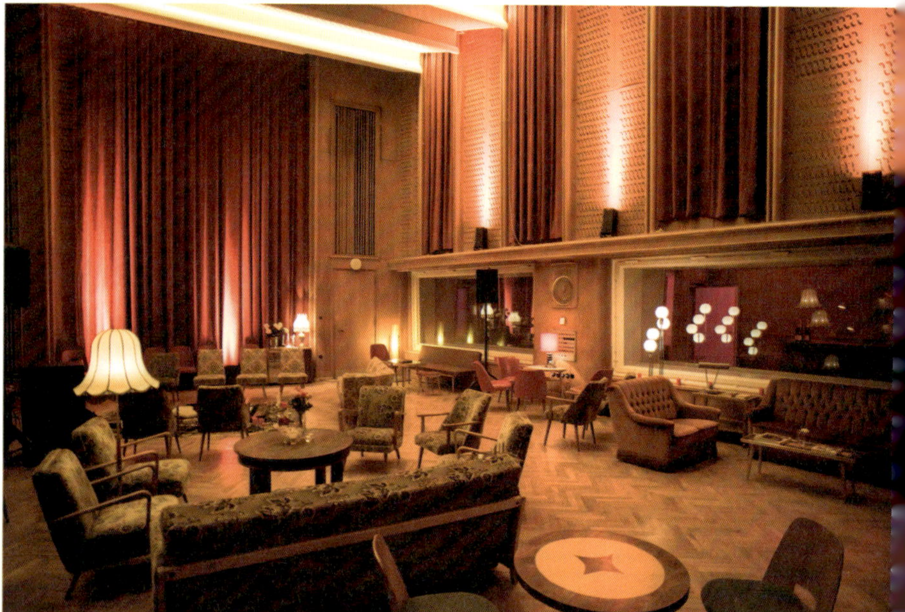

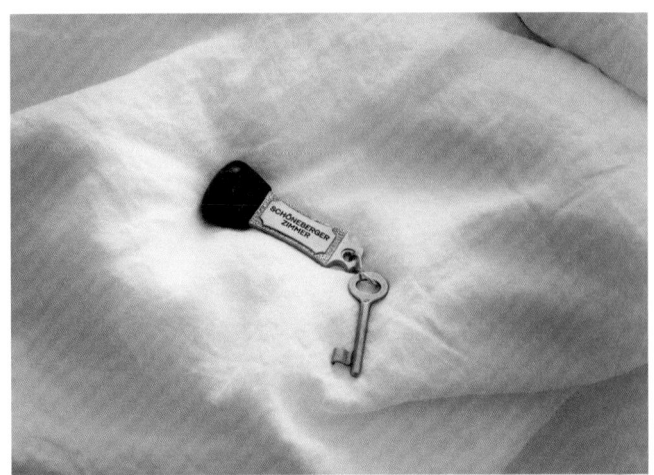

© DANIEL HEER

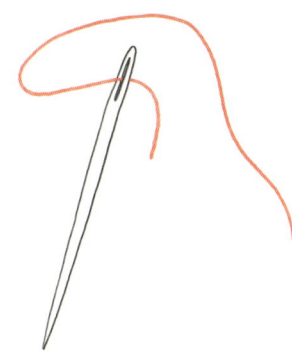

UNA NOTTE PRESSO
UN MATERASSAIO
ECCEZIONALE

Collocato in un bellissimo appartamento in un edificio classico di Schöneberg, Daniel Heer è uno degli ultimi quattro produttori in Europa di materassi eccezionali: assemblati rigorosamente a mano con tecniche ancestrali, i suoi materassi in crine di cavallo sono garantiti a vita.

Per permettere ai clienti di testare la qualità dei suoi materassi nelle condizioni migliori, questo appassionato artigiano ha avuto la splendida idea di offrire di trascorrere una notte, e una soltanto, in una camera allestita nel suo laboratorio.

Dopo un lungo sonno particolarmente ristoratore, la colazione servita da Daniel (nel giardino del cortile interno, quando il tempo è bello) sarà l'occasione per scambiare quattro chiacchiere con lui sulla sua professione o farsi dare suggerimenti sui posti dove andare nel quartiere.

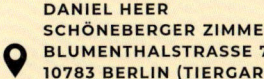

DANIEL HEER
SCHÖNEBERGER ZIMMER
BLUMENTHALSTRASSE 7,
10783 BERLIN (TIERGARTEN)

030 81475123
danielheer.com

U1, U3 (Kurfürstenstrasse)

Per la cena, l'accogliente ristorante Panama si trova vicino al laboratorio. Anche il cocktail bar Victoria è una scelta sicura nella zona, così come il bar-club Kumpelnest, in un'atmosfera legger-mente più eccentrica.

Per la musica sperimentale, nelle vicinanze si trova anche il piccolo bar Au Topsy Pohl. Più tradizionale ma altrettanto piacevole, il ristorante Joseph-Roth-Diele (s.v. p. 26) è a pochi passi.

I MIGLIORI RISTORANTI
DI NEUKÖLLN

Neukölln è il quartiere di Berlino che ospita i bar e i ristoranti più cool della città. Ecco i nostri migliori indirizzi.

> Un ristorante di quelli che piacciono a noi

Nel piacevolissimo quartiere di Schillerkiez, non lontano da Tempelhof, Barra è un ristorante di quelli che piacciono a noi: arredamento piacevole, cucina di altissima qualità, servizio cordiale, prezzi ragionevoli... Vi si cena anche meglio che in molti ristoranti stellati, e ci si passeranno sicuramente dei momenti piacevoli. Andateci assolutamente, ma prenotate con diversi giorni di anticipo.

 BARRA
OKERSTRASSE 2,
12049 BERLIN (NEUKÖLLN)

| LUN – VEN: 18:30 / 22:30 | Prenotazione consigliata
030 818 60757
reservations@barraberlin.com | U8 (Leinestraße) |

> Un gelato eccezionale in un'ottima pizzeria

Gazzo Pizzeria è una delle migliori pizzerie di Berlino: impasto (leggermente) croccante come piace a noi, ingredienti di qualità, composizioni originali. Ma Gazzo ha un'arma segreta: il suo eccezionale gelato al latte di bufala di Brandeburgo che si degusta con un filo di olio d'oliva (sì!), che fa la differenza.

 GAZZO PIZZERIA
HOBRECHTSTRASSE 57,
12047 BERLIN (NEUKÖLLN)

€

| TUTTI I GIORNI: 12:00 / 22:00 | gazzopizza.com | U8 (Schönleinstraße) |

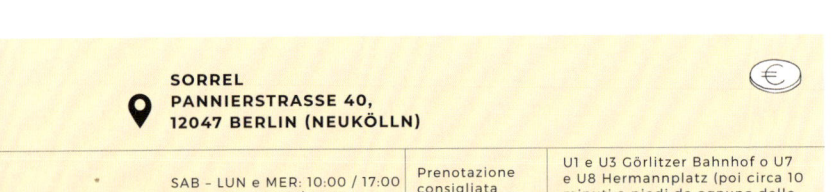

© SORREL

> Il brunch perfetto

Uno dei nostri indirizzi preferiti a Berlino. Arredi moderni e caldi, cucina semplice ma di qualità (da non perdere il fantastico croque-monsieur o il French toast con panna acida), accoglienza molto cool: lo adoriamo! Un altro vantaggio: è uno dei pochi buoni ristoranti di Berlino aperti a pranzo.

SORREL
PANNIERSTRASSE 40,
12047 BERLIN (NEUKÖLLN)

€

SAB – LUN e MER: 10:00 / 17:00
GIO – VEN: 10:00 / 23:00

Prenotazione
consigliata
030 84711195

U1 e U3 Görlitzer Bahnhof o U7
e U8 Hermannplatz (poi circa 10
minuti a piedi da ognuna delle
fermate della metro indicate)

IMMERGERSI NELLA BERLINO
DEI RUGGENTI ANNI VENTI

A nord-est di Berlino, molto al di fuori dai classici circuiti turistici, il Delphi è un magnifico cinema costruito nel 1929. Abbandonato da tempo, rivive dal 2017 come sala per spettacoli.

Andateci per immergervi nell'atmosfera della Berlino anni '20 e della Repubblica di Weimar, ancora palpabile: è qui che sono state girate diverse scene della serie televisiva "Babylon Berlin", anche se moltissimi berlinesi non sanno nemmeno che la sala esiste davvero.

Prima o dopo lo spettacolo, si può bere qualcosa nell'accogliente Brotfabrik, proprio accanto. E poiché vi trovate nel quartiere leggermente periferico di Weißensee, provate a trascorrere la giornata in zona visitando l'eccezionale cimitero ebraico (s.v. p. 104) e l'incantevole spiaggia di Orankesee (s.v. p, 84).

THEATER IM DELPHI
GUSTAV-ADOLF-STRASSE 2,
13086 BERLIN (WEISSENSEE)

Prenotazione consigliata	theater-im-delphi.de	U2, S2, S8, S41, S42, S85 (Schönhauser Allee)

LE MIGLIORI SPIAGGE
DI BERLINO

Se i berlinesi ne sono al corrente (anche se spesso conoscono solo quello di Wannsee, e al massimo altri due o tre), i visitatori restano sempre a bocca aperta: sì, a Berlino, quando il tempo è bello, è possibile fare il bagno nelle vere spiagge di sabbia della città.

Ci sono 11 *Strandbad* ufficiali: spiagge accessibili a basso prezzo, con un piccolo chiosco che offre bevande e snack, e talvolta anche un modesto ristorante. Aperti dall'inizio di maggio a metà settembre circa, vi si trovano anche le sdraio (spesso a pagamento) e i mitici *Strandkorb*, questi cestini da spiaggia che ricordano gli anni prebellici. Basta rigirarsi sull'asciugamano nelle piccole spiagge libere: comodamente seduti al vostro posto, potrete tuffarvi in un libro o osservare in silenzio i dintorni e i giocatori di beach volley o ping pong: non dovete fare altro che portare la vostra attrezzatura per usufruire degli spazi e dei tavoli messi a disposizione. Sembra quasi di essere a Rio.

Tra queste spiagge ufficiali, ecco le nostre preferite:

> Strandbad Orankesee

Una delle meno conosciute, offre i servizi delle spiagge classiche ma in un ambiente e uno scenario particolarmente piacevoli. Un altro vantaggio è che è una delle più vicine al centro città: circa 10-15 minuti in auto da Mitte, 10 minuti da Prenzlauer Berg e 15-20 minuti da Kreuzberg.

Gertrudstraße 7 - 13053 Berlin (Weißensee)
strandbad-orankesee.de

> Strandbad Lübars

Una bella sorpresa a nord di Berlino. Uno spazio ampio e molto piacevole, con un vero ristorante con vista sul lago.

Am Freibad 9 - 13469 Berlin (Reinickensdorf)
berlinerbaeder.de

> **Strandbad Plötzensee**

Un ambiente molto carino, con un'atmosfera giovanile e festosa a fine giornata. Belle passeggiate nella foresta circostante.
Nordufer 26 - 13351 Berlin (Wedding)
berlinerbaeder.de

> **Strandbad Wendenschloss**

Grandi aree di sabbia ed erba e un vero ristorante. È facilmente raggiungibile in bicicletta dalla S-Bahn Grünau e poi con il traghetto che attraversa il Langer See. La giornata può continuare con un bel giro in bicicletta a sud-est costeggiando a lungo il Langer See.
Möllhausenufer 30 - 12557 Berlin (Köpenick)
strandbad-wendenschloss.berlin

DOVE NUOTARE NUDI A BERLINO?

Ci sono anche diverse spiagge per nudisti a Berlino (chiamate FKK, acronimo di *FreiKörperKultur*, ossia "cultura del corpo libero"): si trovano ufficialmente a Flughafensee Tegel, Strandbad Plötzensee, Teufelsee (Grunewald), Halensee, Grunewaldsee, Krumme Lanke e Strandbad Müggelsee (che non è una vera spiaggia privata come le precedenti).

Per chi ama fare il bagno nudo (e lo capiamo), ma preferisce evitare la folla, ci sono molti posti discreti lungo i laghi e i fiumi di Berlino per spogliarsi, sia per fare il bagno che per asciugarsi. È opportuna una certa discrezione, ma i berlinesi sono spesso molto tolleranti a questo riguardo.

FARE IL TOUR
DEI CAPOLAVORI ARCHITETTONICI POCO CONOSCIUTI

Nonostante le distruzioni causate dalla Seconda guerra mondiale, Berlino è riuscita a conservare alcuni gioielli architettonici, sconosciuti anche a molti berlinesi, nonché alcune curiosità architettoniche uniche al mondo. Nuove meraviglie furono costruite anche dopo la guerra. Ecco un breve elenco non esaustivo.

> Un capolavoro dell'architettura brutalista

Con la sua forma che ricorda una gigantesca nave da guerra, il Mäusebunker (letteralmente il "bunker dei topi"), è uno degli edifici più spettacolari (120 metri di lunghezza) e meno conosciuti di Berlino. Capolavoro dell'architettura brutalista, questo eccezionale edificio in disuso non può essere visitato. L'edificio è stato progettato come laboratorio di sperimentazione animale della Freie Universität tra il 1967 e il 1970 dall'architetto berlinese Gerd Hänska, in collaborazione con la moglie e il figlio.

 **MÄUSEBUNKER
KRAHMERSTRASSE 6,
12207 BERLIN (ZEHLENDORF)**

Visibile solo dall'esterno | S25, S26 (Lichterfelde Ost)

> **Una meraviglia espressionista**

Costruita tra il 1927 e il 1929 su progetto di Ernst Paulus e del figlio Günther Paulus, la Kreuzkirche ("chiesa della Croce") è un capolavoro dell'architettura espressionista.

Ammirate il sorprendente portale d'ingresso in ceramica blu, ma soprattutto la notevole sala principale ottagonale, la cui eccezionale decorazione pittorica dietro l'altare è anch'essa tipica dell'Espressionismo.

Risalendo l'Hohenzollerndamm verso la S-Bahn, anche la porta d'ingresso degli uffici parrocchiali, a una decina di metri a sinistra dall'ingresso principale della chiesa, presenta una fantastica cornice espressionista.

KREUZKIRCHE
HOHENZOLLERNDAMM 130A,
14199 BERLIN (SCHMARGENDORF)

SAB: 16:00 / 18:00 DOM: per la messa alle 11:00	030 83224663 kreuzkirche-berlin.de	S41 (Hohenzollerndamm)

> Un capolavoro di luce

Costruita tra il 1930 e il 1933 su progetto di Ossip Klarwein, la chiesa sulla Hohenzollernplatz è uno degli esempi più interessanti di architettura espressionista di Berlino. Notevole l'effetto di luce prodotto dalle finestre laterali e dall'enorme finestra dietro l'altare: sulla superficie chiara degli archi di cemento si riflettono sfumature di giallo, rosso e blu che esaltano l'atmosfera mistica del luogo.

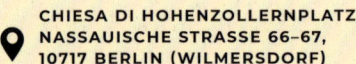

CHIESA DI HOHENZOLLERNPLATZ
NASSAUISCHE STRASSE 66–67,
10717 BERLIN (WILMERSDORF)

MAR e GIO: 14:00 / 18:00 MER e VEN: 1:00 / 13:00 SAB: 1:00 / 15:00, in occasione di eventi e durante le messe Messa cantata ogni sabato a mezzogiorno	U2, U3 (Hohenzollernplatz)

> Insolite ciminiere

Nel cupo sud di Schöneberg, il maestoso edificio della Malzfabrik lungo la Bessemerstraße sfoggia quattro spettacolari ciminiere sormontate da estensioni metalliche che turbinano nel vento. Lungi dall'essere estrattori di fumo, al contrario catturano aria fresca per ottimizzare la produzione di birra nello stabilimento sottostante.

CIMINIERE DELLA MALZFABRIK
BESSEMERSTRASSE 2–14,
12103 BERLIN (SCHÖNEBERG)

Visite guidate (Malzreise) su prenotazione: tunneltours.de/project/industrie 17,50 € a persona, senza riduzione	S41, S42, S45, S46 (Tempelhof) S2, S25, S26 (Südkreuz)

> Un'architettura pop-art futuristica

Costruito nel 1976 dagli architetti Ralf Schüler e sua moglie Ursulina Schüler-Witte come ristorante (lo Steglitz Tower Restaurant), il Bierpinsel è un piccolo capolavoro di architettura al confine tra futurismo e pop-art, e uno dei pochi edifici degli anni '70 ad essere sopravvissuti. Alto 46 metri, fungeva da bar, ristorante e club, ma è ormai in disuso. Il suo nome, che deriva dallo slang berlinese, significa "pennello da birra": disegnato a forma di albero (o di pennello, quindi, per alcuni), originariamente serviva semplicemente molta birra ai clienti abituali.

BIERPINSEL
SCHLOSSSTRASSE 17,
12163 BERLIN (STEGLITZ)

U9 (Schloßstraße)

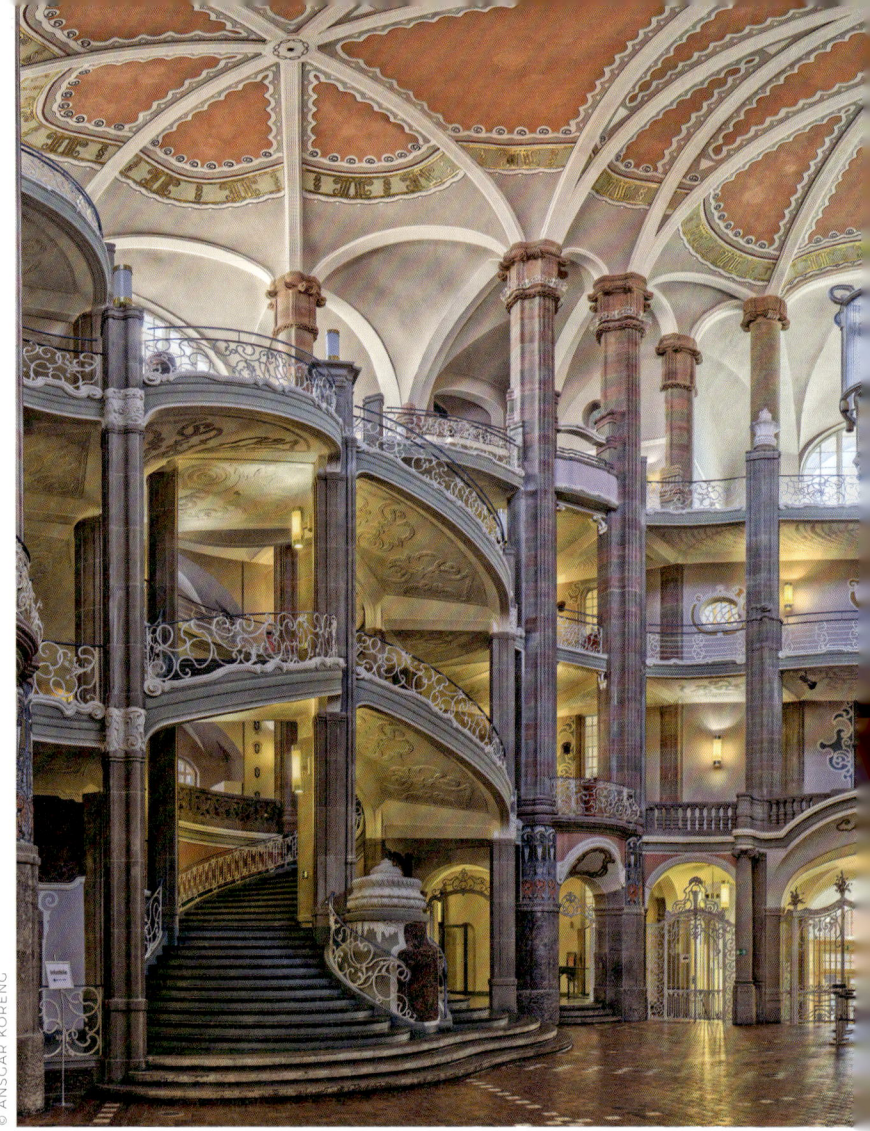

> **Uno degli interni più belli di Berlino**

Pochi berlinesi sono entrati nel tribunale regionale della capitale tedesca (Landgericht Berlin), costruito nel 1904 dagli architetti Paul Thoemer, Rudolf Mönnich e Otto Schmalz. Tuttavia, esso nasconde uno degli interni più belli di tutta la città, tra Liberty, Rococò e Neogotico. Presentare il passaporto o la carta d'identità per accedere.

ATRIO DEL TRIBUNALE REGIONALE DI BERLINO
LITTENSTRAßE, 12–17
10179 BERLIN (MITTE)

LUN – VEN : 9:00 / 13:00

U2 (Klosterstraße)

UN'AUTENTICA
ESPERIENZA
GASTRONOMICA

I cosiddetti ristoranti gourmet, a Berlino come nel resto del mondo, sono spesso deludenti: pretenziosi, semplicemente non buoni, noiosi...

Ernst è tutto il contrario. Certo, è costoso, ma la qualità dei prodotti e della cucina sono così eccezionali che si capisce subito quanto sia giustificato.

Basta guardare anche il suo chef, Dylan Watson-Brawn, canadese di Vancouver arrivato a Berlino dopo diversi anni al ristorante RyuGin di Tokyo (tre stelle Michelin): la passione che lo guida, il gusto per la perfezione, la creatività e la novità sono la garanzia di un'esperienza eccezionale.

Le dimensioni ridotte del ristorante (7 posti al bancone), la raffinatezza dei piatti e delle posate: tutto è pensato per esaltare il momento presente.

ERNST
GERICHTSTRASSE 54,
13347 BERLIN (WEDDING)

| MER – SAB: 19:30 / mezzanotte Prenotazione obbligatoria | ernstberlin.de | U6 (Wedding) |

UNA SERATA NELLA
BERLINO DEGLI ANNI '90

Un po' a est della città (a 20 minuti di taxi da Kreuzberg), nel quartiere di Oberschönerweide, il MaHalla Berlin occupa uno spazio spettacolare: un'ex fabbrica dedicata alla produzione di lampadine che fungeva anche da showroom.

Il MaHalla organizza regolarmente serate o spettacoli che il più delle volte sono eccezionali: è come essere nella Berlino degli anni '90. Iscrivetevi alla newsletter per essere informati sui loro eventi.

 MAHALLA
WILHELMINENHOFSTRASSE 76,
12459 BERLIN (OBERSCHÖNEWEIDE)

info@mahalla.berlin
mahalla.berlin

S8, S9, S45, S46, S47, S85
(Schöneweide)

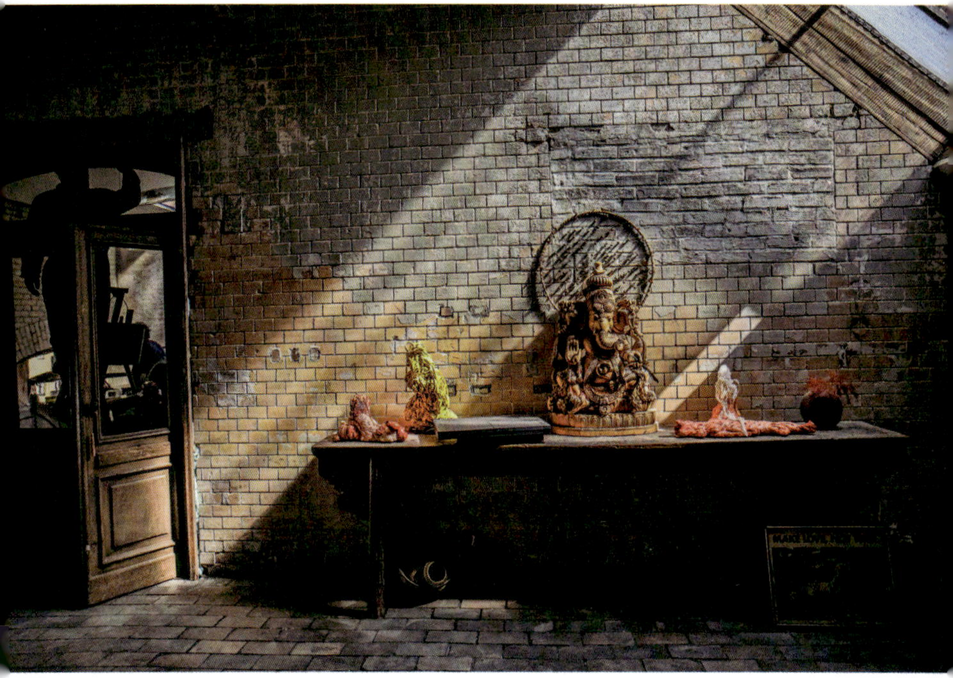

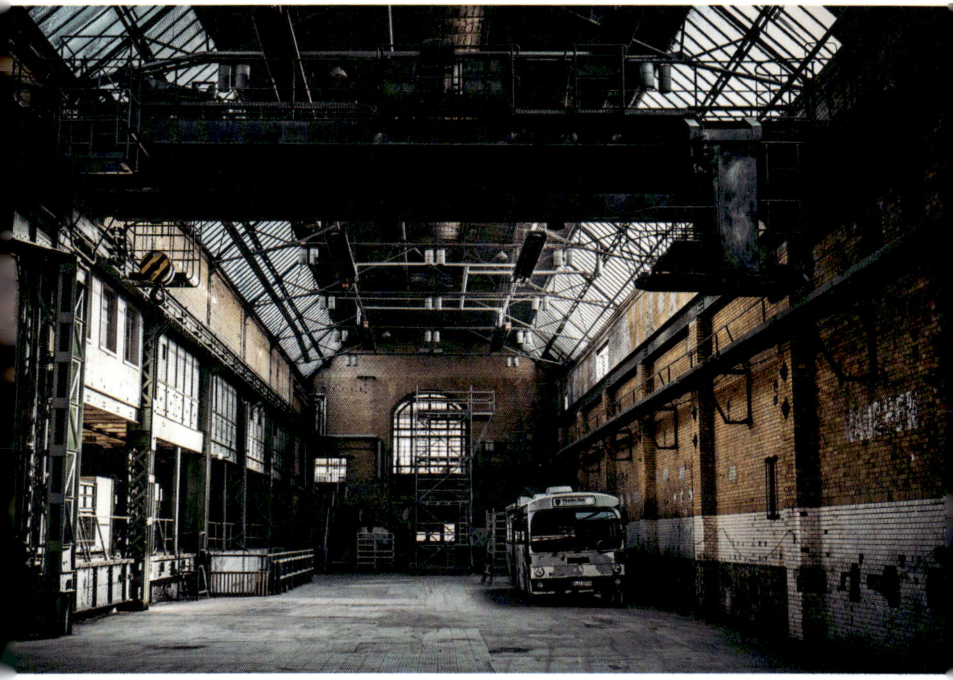

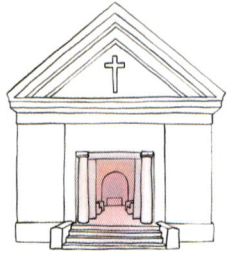

UN VIAGGIO
NELLA LUCE

Nel cuore dello storico cimitero di Dorotheenstadt a Mitte, dal 2015 si trova un'opera poco conosciuta del famoso artista americano James Turrell, visibile su prenotazione.

È mezz'ora prima del tramonto (dunque gli orari variano a seconda del periodo dell'anno) che l'effetto ottico, come sempre per Turrell, è il più spettacolare: il cambiamento di luminosità esterna si mescola all'evoluzione dei colori proiettati all'interno del cappella del cimitero, secondo il principio utilizzato dall' artista a Naoshima, in Giappone.

 INSTALLAZIONE LUMINOSA DI JAMES TURRELL
CAPPELLA DEL DOROTHEENSTÄDTISCHER FRIEDHOF I
CHAUSSEESTRASSE 126, 10115 BERLINO

| Da settembre a maggio, solo su prenotazione | Orari sul sito evfbs.de | U6 (Naturkundemuseum) |

 # 22

PASSEGGIARE IN UNO
DEI CIMITERI PIÙ BELLI DEL MONDO

Il cimitero ebraico di Berlin-Weißensee è assolutamente uno dei cimiteri più belli del mondo e, vantaggio enorme, non è molto affollato, essendo situato un po' lontano dal centro della città. In un'atmosfera fortemente nostalgica e romantica (la maggior parte delle tombe risale a prima della Seconda guerra mondiale), potrete passeggiare molto piacevolmente nei vialetti ombreggiati di questo cimitero creato nel 1880.

Nel mezzo di quella che sembra una foresta urbana molto graziosa, potrete ovviamente ammirare le numerose magnifiche tombe. La più bella, poco conosciuta, è un vero gioiello. Per contemplarla, chiedete una mappa all'ingresso e cercate l'ubicazione della tomba (risalente al 1893) delle famiglie Lewinsohn e Netter all'incrocio tra i vialetti IIA, IIB, IIG e IIH.

**CIMITERO EBRAICO DI BERLINO-WEIßENSEE
HERBERT-BAUM-STRASSE 45,
13088 BERLIN (WEIßENSEE)**

LUN – GIO: 7:30 / 17:00
VEN: 7:30 / 14:30

Tram M4 (Albertinenstraße)

Da non perdere nemmeno l'incrocio dei vialetti IIK, IIJ, IIR e IIS: tutte le sepolture in questa piazzetta sono eccezionali, in particolare quelle delle famiglie Adam, Friedlaender e Baszynski, di ispirazione Art Nouveau.

Dato che ci si trova in zona, per completare la giornata, l'ideale è andare sulla bellissima spiaggia di Orankesee (s.v. p. 84), fare una passeggiata intorno ai laghi Weißensee e Obersee e concludere la serata con uno spettacolo al sublime Theater im Delphi (s.v. p. 80).

LA MIGLIORE TECHNO
DEL MONDO

I club di Berlino sono di gran lunga i migliori al mondo: sono aperti tutto l'anno (non come a Ibiza, per esempio) e soprattutto, per alcuni, 24 ore su 24, dal venerdì sera al lunedì mattina. Quale altra città del pianeta permette di andare a ballare al suono dei migliori DJ del mondo il sabato alle 16 o la domenica sera, all'ora di cena, fascia oraria preferita da molti *clubber* berlinesi, una volta che i turisti se ne sono andati? Quasi nessuna.

Nata a Detroit (USA) negli anni '80, la techno venne rapidamente adottata a Berlino subito dopo la caduta del Muro: le tante serate illegali e deliranti divennero il simbolo di una libertà che si stava riscoprendo. Oggi, c'è ancora qualche rave illegale qua e là, ma la techno è ascoltata soprattutto in locali eccezionali dove il divieto di fare fotografie è la norma, cosa che permette di lasciarsi andare senza temere ripercussioni sui social network.

Entrare in alcuni di questi locali a volte è difficile: sono innumerevoli le persone respinte all'ingresso del mitico Berghain

BERGHAIN AM WRIEZENER BHF, 10243 BERLIN (FRIEDRICHSHAIN)	SISYPHOS HAUPTSTR. 15, 10317 BERLIN (RUMMELSBURG)	HEIDEGLÜHEN (CHARLOTTENBURG NORD)
berghain.berlin/de	sisyphos-berlin.net	Nessun indirizzo più specifico l'Heideglühen merita... heidegluehen.berlin

nonostante alcune ore di fila al freddo o sotto la pioggia. Un consiglio: cercate di evitare il venerdì o il sabato sera...

Oltre al famoso e imperdibile Berghain, i nostri preferiti sono il Sisyphos (Rummelsburg, a 10-15 minuti di auto da Kreuzberg) con i suoi fantastici DJ, il giardino, il caffè, le varie sale e l'atmosfera un po' selvaggia, molto Berlino degli anni '90. D'estate si balla anche all'aperto, al sole. Ci piace anche il Club der Visionäre e il più piccolo ma molto carino Heideglühen (meno orientato alla techno degli altri) così come il Kater Blau, che offre, tra l'altro, il privilegio di ballare all'aria aperta e sulla Sprea.

 CLUB DER VISIONÄRE
AM FLUTGRABEN,
12435 BERLIN (KREUZBERG)

KATER BLAU
HOLZMARKTSTRASSE 25,
10243 BERLIN (FRIEDRICHSHAIN)

clubdervisionaere.com

katerblau.de

ESPLORARE
I SOTTERRANEI
DI BERLINO

Unterwelten è un'associazione di guide specializzate nella visita dei luoghi sotterranei proibiti e risalenti alla Germania nazista o all'ex DDR: vecchi bunker, tunnel scavati per oltrepassare il muro...

Qualunque sia il percorso che sceglierete, il talento delle guide (che parlano molte lingue), così come la qualità dei luoghi e delle spiegazioni, rendono la visita irrinunciabile.

Presso la sede dell'associazione, a Gesundbrunnen, a nord di Berlino (inutile prevedere di soffermarsi in questo quartiere, che non è il più attraente di Berlino), un'interessante mostra su "Germania", il delirante e irrealizzato progetto nazista di capitale del Reich.

Visite da non perdere in nessun caso.

 **UNTERWELTEN
BRUNNENSTRASSE 105,
13355 BERLIN (GESUNDBRUNNEN)**

Prenotazione consigliata	berliner-unterwelten.de	U8 (Voltastraße) S1, S2, S25, S26 (Humboldthain)

Ausgang
Männer-Abort

FÜR DIE U-BAHN
Gesundbrunnen
Badstraße
Behmstraße
Ausgang
Gesundbrunnen
Notausgang
und zu den öffentlichen
Luftschutzräumen

IL MEGLIO DELLA MODERNA
CUCINA BERLINESE

Otto è quasi il ristorante perfetto: arredamento moderno ma caldo con pareti di cemento e cucina a vista, atmosfera vivace, cucina deliziosa e fantasiosa, servizio cordiale... Indirizzi di questo tipo sono rari a Berlino.

Un altro vantaggio: a differenza della maggior parte dei ristoranti gourmet a Berlino, dove ti viene imposto un menu da 5, o anche 7 e 8 portate, da Otto si possono ordinare i piatti à la carte e questo fa sentire bene.

È stato dopo essersi fatto le ossa in alcuni ristoranti stellati come Koks (Isole Faroe), Maaemo (Oslo), Loco a Lisbona e il ristorante pop-up di Noma a Tulum (Messico), che il berlinese Vadim Otto Ursus, nato a pochi passi dal ristorante, a Prenzlauer Berg, è tornato a casa per aprire il proprio locale che acquista tutti i suoi prodotti a Berlino e nelle immediate vicinanze. Ricordatevi di prenotare in anticipo: i coperti sono solo una ventina.

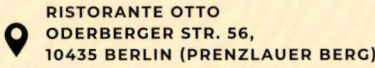

RISTORANTE OTTO
ODERBERGER STR. 56,
10435 BERLIN (PRENZLAUER BERG)

GIO – LUN: 18:00 / 23:00

Prenotazione consigliata
otto@otto-berlin.net
otto.superbexperience.com

U2 (Eberswalder Straße)

© ROBERT RIEGER

FARE UN VIAGGIO
IN UNA STAZIONE
DELLA METROPOLITANA
PSICHEDELICA

L'architetto aveva preso l'LSD? Potreste chiedervelo mentre guardate le stazioni della metropolitana con il loro arredamento psichedelico sulla linea 7 a Berlino, un po' prima di Spandau...

Se vi piacciono particolarmente Paulsternstrasse (eccezionale) e Siemensdamm (nota anche per le spettacolari prese d'aria all'esterno), non perdetevi le stazioni poco prima, andando verso ovest: Jungfernheide, Mierendorffplatz, Richard-Wagner-Platz, Wilmersdorfer Straße, Konstanzer strasse e Fehrbelliner Platz.

Le ultime sette stazioni da Siemensdamm a Rathaus Spandau sono state addirittura inserite nell'elenco degli immobili di interesse storico nel 2017.

Progettate dall'architetto Rainer Rümmler all'inizio degli anni '80, queste stazioni sono dei veri gioielli architettonici.

 LINEA U7
DIREZIONE RATHAUS SPANDAU

Nominato capo architetto della metropolitana di Berlino nel
1964, Rümmler, dopo aver tentato di trovare un'identità alla
cinquantina di stazioni che avrebbe poi costruito, realizzò il

prolungamento della linea U7 fino a Spandau, traendo ispirazione dalla pop art, che esplodeva in quel momento davanti al mondo. Ogni stazione è unica e vale certamente il viaggio.

PAGAIARE NELLA
PICCOLA VENEZIA

In estate Berlino è un paradiso costellato di spiagge lungo i laghi e fiumi, dove si può nuotare o andare in barca.

Nella periferia occidentale della città, ma a soli 20-30 minuti di macchina dal centro, Berlino nasconde così un'eccezionale rete di piccoli canali che collegano rami di fiumi o laghi. Il luogo, situato sotto Spandau, a ovest di Charlottenburg, merita il soprannome di "Klein Venedig" (Piccola Venezia): mancano solo i campanili e le chiese rinascimentali. Per scoprirlo, bisogna noleggiare un kayak (le barche a motore sono troppo grandi) e partire per un fantastico giro di circa 3 ore durante il quale vedrete gli incantevoli orti che si affacciano direttamente sull'acqua di questa *Kolonie*. Portate l'occorrente per un picnic o comprate un piatto di pasta da asporto al ristorante Il Passetto, situato proprio di fronte a uno degli stabilimenti di noleggio kayak.

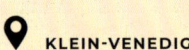 **KLEIN-VENEDIG**

Prenotazione consigliata	13kanus.de marina-base.de der-bootsladen.de

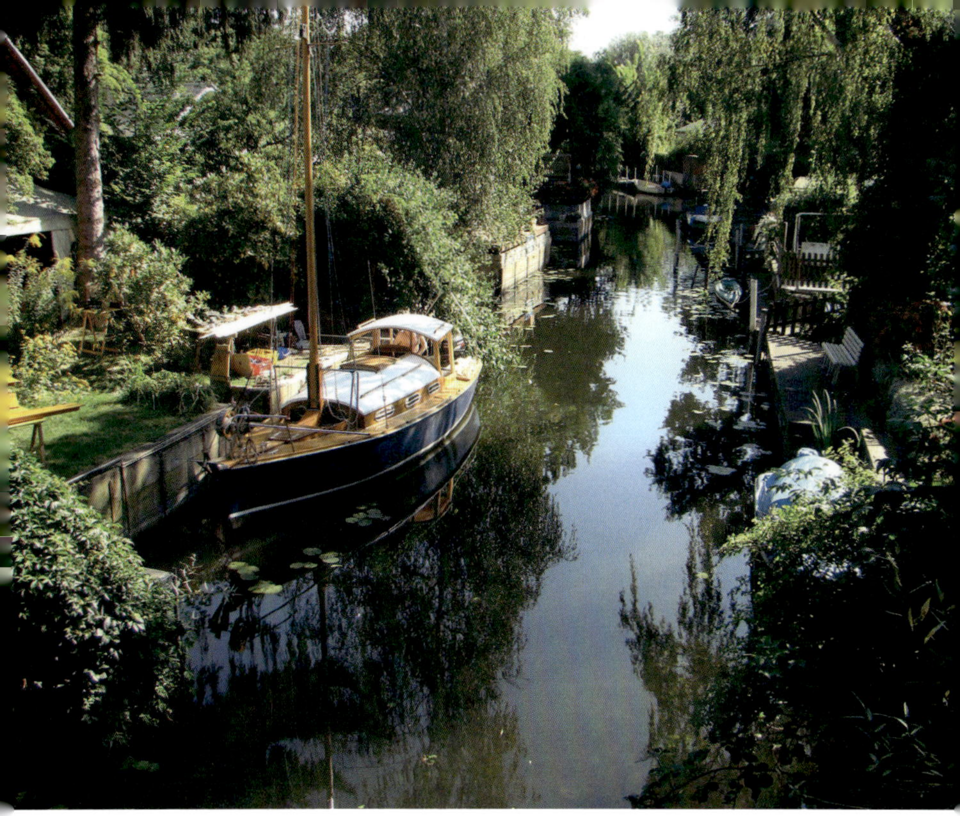

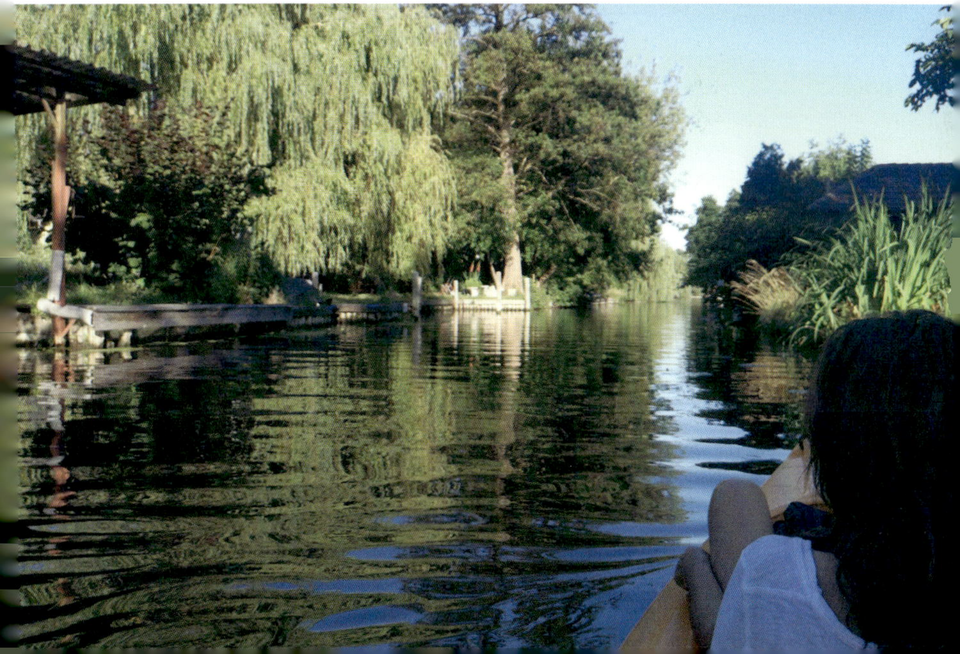

Dall'altra parte della città, a est di Köpenick, vale la pena visitare la "Neu Venedig" (Nuova Venezia). Regalatevi un buon pranzo sull'acqua al Müggelseefischerei o ordinate lì il vostro picnic – il salmone affumicato è divino – prima di godervi i colori di fine giornata a bordo di un kayak, noleggiato ad esempio al Kanuverleih-Berlin, perfettamente posizionato e che rimane aperto fino alle 20:00. Due ore sono sufficienti per avere un buon quadro della rete di canali che compongono la Neu Venedig, ma se avete un po' più di tempo (o una piccola barca a motore), sentitevi liberi di esplorare i dintorni più selvaggi, intorno al Gosener Kanal, a sud-est di Neu Venedig.

NEU-VENEDIG
MÜGGELSEEFISCHEREI – DORFSTRASSE 13,
12589 BERLIN (KÖPENICK)

KAYAKS
KANUVERLEIH-BERLIN.DE

SAB – DOM (da aprile a ottobre):
10:00 / 18:00

030 50560758

kanuverleih-Berlin.de

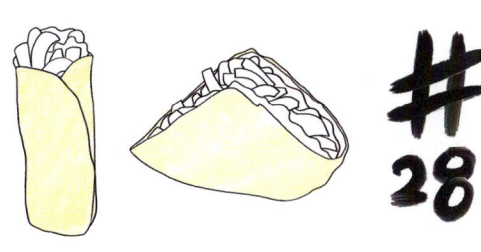

I MIGLIORI KEBAB
DI BERLINO

A volte non abbiamo il tempo o la voglia di fermarci a lungo in un ristorante, ma abbiamo comunque voglia di mangiare bene. La buona notizia è che a Berlino è possibile.

Tra le innumerevoli opzioni di Döner kebab, una delle migliori è sicuramente Mustafas Gesmüse Kebab, a ovest di Kreuzberg.

Pane croccante, possibile opzione vegana, deliziose verdure grigliate... tutto è perfetto, anche gli orari: fino alle 2 del mattino nei giorni feriali e alle 5 del mattino nei fine settimana.

L'unico problema di Mustafa è che non è un segreto: le code a volte sono lunghe (più di 30-40 minuti!), soprattutto all'ora di pranzo o intorno alle 18:00.

Altri buoni indirizzi: Rüyam Gemüse Kebab (Gemüse significa verdure in tedesco) e NUR Gemüse Kebap. Attenzione, alcuni indirizzi noti e/o storici sono, a nostro avviso, largamente sopravvalutati: non fate sempre affidamento sulla lunghezza della coda.

📍 MUSTAFA'S GEMÜSE KEBAB MEHRINGDAMM 32, 10961 BERLIN (KREUZBERG) €	RÜYAM GEMÜSE KEBAB HAUPTSTRASSE 133, 10827 BERLIN (SCHÖNEBERG) €	NUR GEMÜSE KEBAP HERMANNSTRASSE 113, 12051 BERLIN (NEUKÖLLN) €
LUN – VEN: 10:00 / 2:00 SAB – DOM: 11:00 / 5:00 U6, U7 Mehringdamm	TUTTI I GIORNI: 11:00 / mezzanotte S1, S2, S26 (Julius-Leber-Brücke) U7 (Kleistpark)	TUTTI I GIORNI: 10:00 / 2:00 U8, S42, S45, S46 (Hermannstraße)

IL JAZZ
COME A NEW ORLEANS

In una splendida cornice risalente al 1900, lo Yorckschlösschen
è un gioiello di jazz club. Sconosciuto anche a molti berlinesi,
vi farà sempre trascorrere un'ottima serata in un'atmosfera
che ricorda i migliori jazz club di New Orleans... addirittura
superandoli, essendo lo Yorckschlösschen assolutamente
poco turistico.

Scegliete la sala principale, davanti ai musicisti.

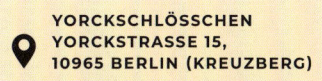 **YORCKSCHLÖSSCHEN**
YORCKSTRASSE 15,
10965 BERLIN (KREUZBERG)

Musica da giovedì a domenica
sera dalle 20:00 alle 22:30 circa

Prenotazione consigliata
yorckschloesschen.de

U6, U7 (Mehringdamm)

SEGUIRE LE TRACCE
DELLE CURIOSITÀ URBANISTICHE DI BERLINO

Una metropolitana che entra in un edificio, un gigantesco tubo rosa alto 20 metri, un edificio sopra un bunker, un'autostrada che entra in una costruzione... Una mini panoramica di alcune stranezze architettoniche a Berlino.

> Un UFO architettonico

Con i suoi 35 metri di altezza, confinante con il parco Tiergarten, l'edificio UT2 sembra un ibrido tra un gigantesco gasdotto rosa e una nave portacontainer arenata. Anche se rimane un enigma per molti berlinesi, in realtà è semplicemente un centro per test in acqua.

 EDIFICIO UT2
MÜLLER-BRESLAU-STRASSE 15,
10623 BERLIN (TIERGARTEN)

Aperto per le Giornate del Patrimonio o su richiesta: dms.tu-berlin.de/menue/versuchseinrichtungen/ umlauftank_ut2

S3, S5, S7, S9 (Tiergarten)

> Un edificio sopra un bunker

Costruito nel 1944-1945, l'Hochbunker Pallasstrasse non avrebbe mai potuto essere distrutto dopo la guerra a causa dei condomini circostanti, che erano troppo vicini. Risultato: hanno semplicemente costruito sopra il bunker. Spettacolare.

 **HOCHBUNKER PALLASSTRASSE
PALLASSTRASSE 28,
10781 BERLIN (SCHÖNEBERG)**

Non si può visitare

U2 (Bülowstraße)

> Un'autostrada che attraversa una costruzione

Costruito nel 1980, lo Schlange (il "serpente"), lungo 600 metri, ha la straordinaria particolarità di essere uno degli unici due stabili al mondo ad essere attraversato da parte a parte da un tratto di autostrada. Essendo l'isolamento particolarmente accurato, i 3.500 occupanti dell'edificio sentono solo un leggerissimo "toc-toc" proveniente dal traffico nel cuore della costruzione. Per una vista mozzafiato sul punto in cui l'autostrada si precipita letteralmente nel fabbricato, l'ideale è posizionarsi a sud dell'immobile.

L'altro edificio di questo tipo, il Gate Tower Building, si trova in Giappone, a Osaka.

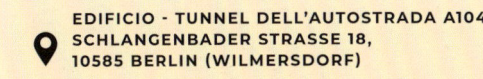

EDIFICIO - TUNNEL DELL'AUTOSTRADA A104
SCHLANGENBADER STRASSE 18,
10585 BERLIN (WILMERSDORF)

U3 (Rüdesheimer-Platz)

> Una metropolitana che entra in una casa

La casa in Dennewitzstraße 2 è un'autentica curiosità: questo vecchio edificio è infatti forse l'unico immobile al mondo ad essere attraversato direttamente dalla metropolitana. Questa stranezza risale agli anni '20, quando si decise di far passare la metropolitana attraverso il palazzo, una soluzione più economica rispetto alla demolizione dell'edificio.

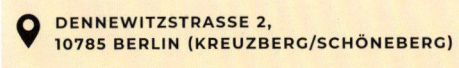

DENNEWITZSTRASSE 2,
10785 BERLIN (KREUZBERG/SCHÖNEBERG)

U1, U2, U3 (Gleisdreieck)

Nella collezione "Soul Of",
il 31° indirizzo non sarà mai rivelato
perché è troppo confidenziale. Sta a voi trovarlo.

LA LOCANDA
FUORI DAL TEMPO

Questo ristorante va guadagnato. Istruzioni: a ovest di Charlottenburg, appena a sud-ovest del grazioso lago di Lietzensee, Google Maps si perde completamente. Seguite quindi queste indicazioni: alla curva della Dernburgstrasse, una strada (senza nome per Google Maps) scende un po' più a sud.

Pochi secondi dopo, si vede un cartello bianco con lettere verdi (visibile anche da più lontano della Dernburgstrasse). Sotto, vedrete un portale che sembra essere chiuso. Non lo è.

Aprite e fatevi strada attraverso una magica rete di sentieri sterrati che attraversano gli orti sociali (Kleingärten), tipici di Berlino. La maggior parte degli orti sociali nel mondo, e questi non

 SEGUI LE INDICAZIONI

VEN – SAB – DOM: 13:00 / 19:00 (sabato fino alle 21:00)	S-Bahn Messe Nord oppure U2 Sophie-Charlotte Platz poi 10-15 minuti a piedi

fanno eccezione, sono stati progettati lungo le linee ferroviarie.

Da lì, tocca a voi: ci sono cinque minuti a piedi (e un mini tunnel) per arrivare a questa locanda di campagna lontana, molto lontana, dalle mode e dalle chiacchiere. Fuori dal tempo, letteralmente.

La terrazza si affaccia sulla natura e sui piccoli giardini ma anche sui binari della ferrovia, il che le conferisce un certo fascino, ma dispiacerà ad altri per il frequente passaggio dei treni della S Bahn. Contrariamente a quanto ci si potrebbe aspettare da un locale del genere, la cucina casalinga è ottima.

Dopo il pranzo, si consiglia vivamente di proseguire la passeggiata dall'altra parte della ferrovia per scoprire l'immensa rete di orti (si accede attraverso un altro piccolo tunnel poco dopo l'ingresso principale) che completa quello in cui vi trovavate

GRAZIE A

ROMAINE JONGLEZ, per avermi sempre sostenuto mentre esploravo e scrivevo questa guida
LOUIS JONGLEZ, per avermi seguito in bicicletta in molti posti improbabili ed essere stato il mio compagno di ping-pong negli angoli più remoti di Berlino
REBECCA GIRARDI, per il suo preziosissimo aiuto su tutti gli argomenti, scelta dei luoghi, foto e molto altro
FANY PÉCHIODAT, per il meraviglioso concept di questa collezione
SIRAI BUCARELLI, per aver tradotto in disegni l'anima di Berlino
KARIM BEN KHALIFA, per la copertina

Oltre a tutti coloro che in qualche momento mi hanno aiutato o accompagnato, anche senza saperlo:

Jürgen Bangmeister, Jacopo Barbarigo, Andrea Bauer, Tinko Czetwertynski, Stéphane Decaux, Uwe Fabich, Mia Ganda, Jacques Garance, Daniel Gerlach, Alexandre Guérin, Dennis Guggenheim, Christina Haufe, Katharina Heim, Daniel Heer, Nicola Henning, Shino Kobayashi, Pauline Loeb, Frédéric Lucas, Raimon Marquardt, Tom & Nadine Michelberger, Vincent Moon, Vadim Otto Ursus Henselder, Luca-Eliza Pretz, Jens Riedel, Steffen Roth, Manuel Roy, Maxime Rovère, Bertrand Saint Guilhem, Mathieu Saura, Géraldine Schwarz, Michael Schöneberger, Tamara Siedentopf, Hemma Thaler, Nicolas Van Beek, Nic Warner, Dylan Watson-Brawn, Kerry Westhead, Carsten Zeiler, Lilith Zinc, Felix, Jan & Gabrielle

Il libro è stato realizzato da:
Thomas Jonglez, anche editore della guida Berlino insolita e segreta
Rebecca Girardi, produzione
Sirai Bucarelli, illustratrice
Karim Ben Khalifa, foto di copertina
Aurélie Saint-Martin, concezione grafica
Emmanuelle Willard Toulemonde, grafica
Laura Perreca, traduzione
Carla Toffolo e Valerio Ceva Grimaldi, rilettura
Clémence Mathé, edizione

Potete scriverci all'indirizzo contact@soul-of-cities.com
Seguiteci su Instragram, @soul_of_guides

GRAZIE

Nella stessa collezione

Conformemente alla giurisdizione corrente (Toulouse 14-01-1887), gli errori o le omissioni involontarie che potrebbero sussistere in questa guida, nonostante la cura e i controlli effettuati dalla redazione, non sono imputabili all'editore.
Ogni riproduzione, anche parziale, di questo libro, su qualsiasi supporto, è vietata senza l'autorizzazione dell'editore.

© JONGLEZ 2022
Deposito legale: Maggio 2022 - Edizione: 01
ISBN: 978-2-36195-398-0
Stampato in Slovakia a cura di Polygraf